LOTOSBLÜTE

JUBILÄUMSAUSGABE
2020

ÖHG

10 Jahre ÖSTERREICHISCHE HAIKU GESELLSCHAFT
10 Jahre LOTOSBLÜTE

Buchumschlag-Titelseite:
Foto © Judith Göbel / pixelio.de, bearbeitet von Petra Sela

Buchumschlag-Rückseite:
Petra SELA: Weinserie „Schilcher" Acryl /Mischtechnik LW 50 x 50 cm

Seite 1:
Foto © Dieter Schütz / pixelio.de (Ausschnitt)

IMPRESSUM:
„Lotosblüte 2020"
Jubiläumsausgabe

Herausgeberin und Layout: PETRA SELA

Redaktion:
Dr.in Sylvia BACHER, Paul DINTER, Petra SELA, Dr.in Traude VERAN

Lektorat:
Dr.in Sylvia BACHER und Dr.in Traude VERAN

Eigentümer: ÖSTERREICHISCHE HAIKU GESELLSCHAFT
u.e. Verein – ZVR 243142025, 1100 Wien, Kerschbaumgasse 1/4/4002,
Telefon: 06991 925 77 91, E-Mail: oesterr-haikuges@gmx.at

Homepage: www.oesterr-haikuges.at

Druck: druck.at, 2544 Leobersdorf, 2020

ISBN: 978-3-9504782-2-8

Wir danken für die Förderung durch die
Kulturabteilung der Stadt Wien, Literatur

LOTOSBLÜTE

蓮の華

LOTUS FLOWER

Ziel der ÖSTERREICHISCHEN HAIKU GESELLSCHAFT
ist die Erforschung und Verbreitung der traditionellen japanischen
Dichtkunst wie Haiku, Senryu, Tanka, Renga, Haibun etc. in
Österreich sowie der literarische, kulturelle und wissenschaftliche
Austausch zwischen Österreich und Japan, dem asiatischen Raum
und anderen Ländern. Und dies in Zusammenarbeit mit Literaten,
Wissenschaftlern, Künstlern und sonstigen kompetenten
Persönlichkeiten und deren Vereinigungen.

The aim of the AUSTRIAN HAIKU ASSOCIATION
is the investigation and the propagation of the traditional Japanese
poetry such as haiku, senryu, tanka, renga, haibun etc. in Austria
as well as the literary, cultural and scientific exchange between
Austria and Japan, the Asian region and other countries. And all
this in cooperation with writers, scientists and further
competent personalities and their societies.

Tonia KOS: Tuschmalerei

abgedruckt in dem Buch „Wie Sonne und Mond" von
Petra Sela, ÖHG 2013, ISBN: 978-3-9503584-0-7

EDITORIAL

Gegen Ende des Sommers 2010 war eine kleine Gruppe von Haiku-Interessierten zusammengekommen und beschloss mit Begeisterung, die ÖSTERREICHISCHE HAIKU GESELLSCHAFT ins Leben zu rufen. Unsere erste Zusammenkunft fand am 8. Oktober statt. Einer von uns, Paul Dinter, merkt sich das Datum besonders gut, seine Enkelin wurde an diesem Tag geboren.

Nach und nach entwickelte sich ein umfangreiches Jahresprogramm, dessen Höhepunkt die Präsentation der „LOTOSBLÜTE" in Buchform ist. Während es anfangs nur eine dünne Zeitschrift im A4-Format war, erschien im Herbst 2013 bereits unser erstes BUCH „Lotosblüte" im Umfang von 80 Seiten. Vielen Dank an die Redaktion für ihr Engagement.

Die ursprüngliche „Vereinszeitschrift" mauserte sich zu einem kleinen Juwel, das über die Grenzen hinaus gerne gelesen wurde und wird. Wissenschaftliches reihte sich in die Artikel durch die Zusammenarbeit mit Univ.-Doz.[in] Dr.[in] MMag.[a] Hisaki Hashi und Künstlerinnen japanischer Herkunft oder auch mit solchen, die sich eingehend mit der japanischen Kultur befassen. Die Artikel-Reihe „Kennen Sie …?", verfasst von Dr.[in] Sylvia Bacher und Dr.[in] Traude Veran lässt uns teilhaben am Leben und Schaffen berühmter Persönlichkeiten und wird seit Jahren von unserer Leserschaft sehr geschätzt. Vielen Dank auch an Dr.[in] Sylvia Bacher und Dr.[in] Traude Veran für die verantwortungsvolle und umfangreiche Arbeit des Lektorierens und der Korrektur.

Die LOTOSBLÜTE sollte auch Nicht-Haiku-Schreibende ansprechen und ich denke, das ist uns in all den Jahren gelungen. Sie sollte Wissenswertes nicht nur aus Japan, sondern aus dem gesamten asiatischen Raum an die Leser bringen. Das jährliche Haiku-Seminar unter der Leitung von Petra Sela hat ebenfalls das Anliegen, nicht nur Haiku-Schreiben, sondern auch das Umfeld des Haiku und die asiatische Kultur zu vermitteln.

Neben Kontakten zu anderen Organisationen, nicht nur in Österreich, entstand die Zusammenarbeit mit literarischen Vereinen, so vor allem mit der *Deutschen Haiku Gesellschaft*, mit *Ikebana International Vienna Chapter* und auch mit bildenden Künstlern – hervorzuheben die Internationale Kunstplattform *arteMIX* unter der Leitung von Rudolf Svoboda. Dadurch war es uns möglich, über viele Jahre die Präsentationen der LOTOSBLÜTE an einer der „ersten" Adressen in der Wiener Innenstadt, in „*DER* KUNST-RAUM" in den Ringstrassen Galerien abzuhalten. Unser Dank gilt der Leitung Mag. Hubert Thurnhofer. Großartige Musiker begleiteten all die Jahre unsere Veranstaltungen und erhöhten den Kunstgenuss.

Das Kunstprojekt „Soulconversation meets Sudan" von Verena Prandstätter inspirierte uns, Kontakt mit Haiku-Dichtern aus dem Kontinent Afrika aufzunehmen. Das Ergebnis war überwältigend. Dankenswerter Weise erklärte sich Dr.[in] Sylvia Bacher bereit, die Herausgabe des umfangreichen Bandes „AFRIKU – Vienna meets Africa – Haiku" (2019) und die Übersetzung in den Sprachen Deutsch, Englisch und Französisch zu übernehmen. Über P.E.N. Südafrika und durch Vermittlung arrivierter Poeten erreichten uns zahlreiche Autorinnen und Autoren. Auch Fotos von wissenschaftlichen Exkursionen oder Kunstprojekten wurden uns zur Verfügung gestellt. Es entstand ein wunderschönes und interessantes Buch, welches den Lesern die Gelegenheit bietet, die Lebensweise im afrikanischen und arabischen Raum besser kennen zu lernen.

Einen weiteren Höhepunkt bildete das im Jahr 2014 abgehaltene Symposium „Wien als Schmelztiegel der Haiku-Dichtung", ein Projekt, das von Petra Sela initiiert und geleitet wurde. Sie war es auch, die die Vorträge zusammenfasste und das gleichnamige Buch in deutsch, englisch und japanisch herausgab.

Dank gilt dem Vorstand, allen Mitgliedern, den Autorinnen und Autoren, die uns ihre Texte zur Verfügung gestellt haben, den Künstlern, Wissenschaftlern, den Kontaktpersonen der Vereine, der Kulturabteilung der Stadt Wien Literatur und vielen anderen Personen und Institutionen, die an unserem Schaffen mitgewirkt haben. Die Liste wäre zu lang, um alle namentlich anzuführen. Sie werden einen Großteil davon in dieser Jubiläums-Lotosblüte finden.

Herzlichen Dank an unsere Leserschaft
und eine angenehme Zeit mit der Jubiläums-LOTOSBLÜTE 2020
wünscht Ihre

Petra Sela

Vorsitzende der
ÖSTERREICHISCHEN HAIKU GESELLSCHAFT

Kyoko ADANIYA-HOLM:

Hagoromo for my mother, Toshiko

Material: Seide, Hanf, Baumwolle, Pflanzen
und handgeschöpftes Papier

Aus den LOTOSBLÜTEN 2010 bis 2019 haben wir Texte folgender
Autorinnen und Autoren ausgewählt:

Name: Seiten

BACHER Sylvia: 35,38,44,46,51,58,67,69,74,79,82,85,88
BAUMGARTNER Maria: 12,82
BREFELD Claudia: 72
BÜERKEN Pitt: 65,71,83,84
DANZER Herta: 10,12,24,39,45,46,54,63,77,83,85
DINTER Paul: 10,18,26,27,51,52,62,63,74,77,82,85
EDERER Gerty: 35,63
FISCHER Regina Franziska: 22,24,26,54,62,64,74
GEIGER Constanze Maria: 28,64,77
GOTTSTEIN Claudius Thomas: 43,44,47,56
GRAFL Christine: 65
FREINGRUBER Mario: 19,21,26,27,34,46
HAMMER Joachim-Gunter: 11,27,38,43,53,63,86
HANIGER Oskar: 44
HARTMANN Gabriele: 65,71,72,74,77,83,88
HARTMANN Georges: 72,75,76,77,86
HASLEHNER Elfriede: 18,19
HELLER Friedrich (†): 22
HOFFMANN Ingrid: 26,27,34,36,43,44,53,64,77,84,86,88
HOFLEHNER Ingeborg Karin (†): 53,75,76
HOMOLA (KOVACZ) Eva-Maria: 12,34,39,54,82,85
HONDT Conny11,24,38,46,50,62,64
HONDT Irene 50
KITTELMANN Eva: 35,62,75
KORNTNER Christine: 18,24,38
KRIZ Herzlinde: 86
KRUML Daniel: 12

LEITGEB Gerhard: 12,18
MATHOIS Walter: 24,26,27,72
MEISSNER Christa: 27,39,53,84
PHILAPITSCH-ASCHOBER Renate: 72
PRANDSTÄTTER Verena: 40
PRESICH-PETUELLI Liane (†): 20,38,78
RAAB Heidelore: 10,19,34,43,65,71,84,86
REI Mara: 12,36,45,71,77,82,83
SCHÄFER Isolde: 19,24,26,51
SCHAUR Josef: 75
SCHMICH Theo: 10,34,45
SCHMIDT Fried: 44,53,62
SCHULAK Rosemarie: 11,19,39,72
SCHWAIGER Helga: 11,34
SELA Petra: 12,28,45,46,52,63,77,82,83,84,85,86
SOKOP Hans Werner: 36,39,43,54,62,64,82,84,86
STIX Gottfried W. (†): 11,22,28
TAUCHNER Dietmar: 14,22,25,28,38,43,60,87
TILL Christa Maria: 44,51,71,74,82,83
TRUGER Maria-Donata: 59,65,66,77
VERAN Traude: 10,12,18,28,36,39,42,45,47,54,57,59,70,75
WEIXLER Stephan: 83
WIRTH Klaus-Dieter: 35,60,72
WULZ Hans: 10,24,35

Gäste:
BRÖKER Ralf, Deutschland: 88
DAVID Ernst, 19
FARKAŠOVÁ Etela, Slowakei: 71
HOFER Renate, Österreich: 28,52
PASIECZNYK Herbert: 63
PICCINI Toni, Italien: 87
SOMMER Edith, Österreicherin, lebt in Frankreich: 65

LOTOSBLÜTE 2010

Die bunten Saris
am heißen Strand sind trocken.
Die Flut kann kommen.

Herta DANZER

Dem Meer entstiegen
nur kurz weilt der Fußabdruck
am heißen Stein

Paul DINTER

Ein Schneehase hoppelt
durch das junge Berggras –
blutrot die Sonne!

Hans WULZ

Nächtlicher Garten.
Heller als die Mondknospe
leuchten Kirschblüten

Heidelore RAAB

im garten stehen
mit eingegipsten fingern
dem unkraut zuschaun

kein kigo für mich
erdbeeren im oktober
weizen als ebly

beide Texte Traude VERAN

Die Wespe nimmt ein
Schaumbad als Badewanne
dient ein Bierkrügel

Altersflecken auf der Hand
die zeichnet ein Kreuz
über den Brotlaib

beide Texte Conny HONDT

Herbstmond sich hebend
nur ein Fächer vorm Lächeln
der alten Liebe

Joachim G. HAMMER

Verebbendes Licht –
Dort glänzt noch ein Kiesel auf
bevor es erlischt

Rosemarie SCHULAK

am tor des friedhofs
ein bettler sein hut mit dem
geld für den fährmann

Gottfried W. STIX

Efeuumrankt ist
nur das Lächeln des weißen
Engels zu sehen

Helga SCHWAIGER

LOTOSBLÜTE 2011/1

Am blassen Winterhimmel
ziehen die Krähen
Diesmal geht's heimwärts

Gerhard LEITGEB

Im tauenden Eis
spiegeln sich im Abendgold
badende Tannen

Daniel KRUML

Zwei Kinder suchen
eine Katze – sie finden
erste Palmkätzchen

Eva Maria KOVACS/HOMOLA

Alte Holzbretter
die kleinen Gänseblümchen
leuchten weiß hervor

Der dritte Monat
die Jacke fliegt im Bogen
ein Ball hinten nach

beide Texte Mara REI

Zugvögel kommen
wieder. Aus neuen Nestern
grüßen sie den Tag.

Maria BAUMGARTNER

De do drübn
duat wo d'Sunn aufgeht
woatn auf Rettung

Paul DINTER

so vüle kiaschn
owa herunt wo ma higlengd
grod nua a haund voi

Traude VERAN

da hea tod schdeht auf
da geistabaun obm und winkt –
untn daunzt a madl breikdenz

Petra SELA

Silvia WICHTL
„nichts sagen – nichts hören – nichts sehen"
Aquarelltechnik

DIETMAR TAUCHNER

DIE POETISCHE ERNSTHAFTIGKEIT IM „SPIELERISCHEN VERS"
(eine essayistische Miniatur zur Poetik von Matsuo Bashô)

Matsuo Bashô (1644–1694), dessen Name mit dem Haikai („spielerischer Vers oder Stil") verbunden ist wie kein anderer, hat die japanische Literatur im 17. Jahrhundert grundlegend geprägt. Ein Klassiker, der wohl auch deshalb zu einem wurde, weil er „das Neue" (atarashimi) suchte, ohne zu vergessen, dass „das Alte" dessen Fundament ist.
Bashô bezog sich in seinen Texten des Öfteren auf die chinesische Literatur (unter anderem auf Li Po, Tu Fu oder Han Shan) und auf das Werk der japanischen Waka-Dichter des 8.–12. Jahrhunderts und die Renga-Dichtung des 14. und 15. Jahrhunderts. Seine Texte sind somit hochgradig intertextuell und kontextgebunden.

Das haikai no renga entwickelte sich im 16. Jahrhundert aus der höfischen Renga-Dichtung und lässt sich in Kürze mit folgenden Merkmalen charakterisieren: salopp, humorvoll, gespickt mit gewandten Wortspielen und eleganten (und ironischen) Allusionen auf die Renga-Dichtung. Zwei Schulen, die Teimon-Schule, von Matsunaga Teitoku (1571–1653) begründet, und die Danrin-Schule, die auf Nishiyama Sôin (1605–1682) zurückgeht, waren bei dieser Entwicklung federführend.

Bashô, der in frühen Jahren Anhänger beider Schulen gewesen war, bildete bald seine eigene Poetik aus, die in der von ihm begründeten Shômon-Schule gepflegt wurde.

In der Poetik der Shômon-Schule finden sich unter anderem zwei wesentliche Haltungen oder Credos, die in ihrer konsequenten Adaption und Weiterentwicklung über die Haikai-Dichtung der Teimon- und Danrin-Tradition hinausgingen bzw. die von Klischees befreite Waka-Poesie mit der des Haikai verbanden und vielleicht am besten veranschaulichen, inwieweit Bashô als innovativ einzustufen ist.

Einerseits ist hier das Ideal des fûga zu nennnen, was soviel wie Kunst als solche und im Besonderen Lebenskunst bedeutet, Wahrhaftigkeit, Aufrichtigkeit oder Authentizität implizierend, woraus das berühmte: „Wahrheit der Dichtung" (fûga no makoto) resultierte. Die Wahrhaftigkeit, Ernsthaftigkeit oder Authentizität in der Dichtung schien im Haikai-Stil vor Bashô, zumindest nach dessen Einschätzung, einen geringen Stellenwert einzunehmen, ging es doch – wie oben schon erwähnt – tendenziell eher um humorvolle Wortspiele und gekonnte (ironische) Allusionen an die Renga-Dichtung, als um essenzielle Erfahrungen der Existenz oder um das ernsthafte Ausloten der vorgefundenen Wirklichkeit. Auf die Sprache bezogen bedeutete das, nicht ungeschliffen oder vulgär zu schreiben, sondern in einer angemessenen, gemeinhin verständlichen Sprache, die sich am Ideal des fûga orientierte.

Zum anderen nahm die Haltung des fûryû eine tragende Rolle ein, womit ein subtiler Geschmack in Kunst und Lebensführung gemeint ist, ein Geschmack, der idealerweise die Freiheit von Verstrickungen anstrebte, ohne sich allerdings vom alltäglichen Leben abzuwenden. Diese Haltung kulminierte in dem Satz: „Zum Hohen erwachen, zum Niedrigen oder Einfachen zurückkehren" (kôgo kizoku). Hierin ließ sich eine potenzielle Verbindung der Waka- und der Haikai-Dichtung erkennen, zumal dem höfisch-pathetischen Waka gleichermaßen Rechnung getragen wurde wie dem volksnah-satirischen Haikai.

Bashô hat – etwas zugespitzt formuliert – die zum Klischee erstarrten Motive der traditionellen Waka-Dichtung aufgebrochen und erweitert und das Haikai mit der „Wahrhaftigkeit der Dichtung" angereichert.

Bashô, der Meister des „spielerischen Verses", der traditionelle Sujets und Objekte aufgreift und mit neuen Assoziationen belegt:

hatsushigure saru mo komino wo hoshigenari

first winter shower –
the monkey also seems to want
a small raincoat (1)

Erster Winterschauer –
auch der Affe scheint einen
kleinen Regenmantel zu wollen

„Renga poets living in the war years often used the image of winter rain to suggest a sense of life's transience and mutability, which they derived from Buddhist concepts. But this poem by Bashô is not one of renga convention's seasonal homilies. It goes beyond the usual stereotyped implications of winter showers and touches on the very roots of human existence. There is *a direct sensuous apprehension of thought* (in T.S. Eliot's words) that refuses to let itself be confined by such clichés as joy at the first winter shower or pity toward the monkey." Yamamoto Kenkichi (1907–88) (2)

„In den Kriegsjahren lebende Renga-Dichter verwendeten oft das Bild des *Winterregens*, um die Veränderlichkeit und Unbeständigkeit des Lebens anzudeuten, die sie von buddhistischen Vorstellungen herleiteten. Aber dieses Gedicht von Bashô ist keine jahreszeitliche Moralpredigt der Renga-Konventionen; es geht über die gewöhnlichen stereotypen Implikationen des *Winterschauers* hinaus und berührt die Wurzeln der menschlichen Existenz. Hier findet sich ein *unmittelbares, sinnliches Begreifen des Denkens* (mit T.S. Eliots Worten), das ablehnt, durch Klischees eingeschränkt zu werden, wie die Freude über den ersten Winterregen oder den Jammer, der den Affen bevorsteht." Yamamoto Kenkichi (1907–1988)

Ein weiterer Text, der ganz im Stile des Haikai verfasst ist und doch die *poetische Ernsthaftigkeit* mitschwingen lässt:

iza saraba yukimi ni korobu tokoro made

now then, let's go out
to enjoy the snow ... until
I slip and fall! (3)

Nun denn, lasst uns hinausgehen,
uns am Schnee erfreuen ... bis
ich rutsche und falle!

„ [...] It is superbly original, mixing humor with the misgivings of advancing age. In all likelihood it was the heartfelt sentiment of a poet who would risk death for the cause of fûga. " Chijitsuan Tosai (1750 –?) (4)

„[...] Es ist herrlich originell, mischt Humor mit den Befürchtungen des Älterwerdens. Aller Wahrscheinlichkeit nach war es das herzliche Gefühl eines Dichters, der den Tod riskierte für die Sache des fûga." Chijitsuan Tosai (1750 –?)

Bashô, der Meister der poetischen Ernsthaftigkeit im spielerischen Vers, die über die Haikai-Tradition der Teimon- und Danrin-Schule hinaus geht und an die Waka- und Renga-Dichtung rückbindet, ohne deren Assozia-tions-Kanon zu übernehmen.

Hier lassen sich einige der bekanntesten Texte Bashôs anführen:

yagate shinu keshiki wa miezu semi no koe

soon they will die –
yet, showing no sign of it,
cicadas screech (5)

Bald werden sie sterben –
immer noch kein Anzeichen dafür,
Zikadenkreischen

takotsubu ya hakanaki yume wo natsu no tsuki

an octopus pot –
inside, a short-lived dream
under the summer moon (6)

Ein Kraken-Topf –
darin, ein kurzlebiger Traum
unterm Sommermond

natsugusa ya tsuwamono-domo ga yume no ato

summer grasses
where stalwart soldiers
once dreamed a dream (7)

Sommergräser
wo treue Soldaten einmal
Träume hatten

ANMERKUNGEN:

(1) – (7) Makoto Ueda, Bashô and His Interpreters; Stanford University Press;
Stanford, California, 1992.

Sämtliche englischsprachigen Zitate wurden von Dietmar Tauchner
ins Deutsche übertragen.

Veröffentlicht in:
Sommergras 81, 21 Jg., Juni 2006, p 26-29.
Haiku-heute (Winterausgabe 2006/2007, Schwerpunkt Bashô),
Ersteinstellung: 15.12.2006.

blödmann ruft der
papagei – im zooladen
steht ein tierarzt

Gerhard LEITGEB

Träne für Träne
zwei Pierrots lachen lauthals
über ihren Ernst

Paul DINTER

Übern Zaun reckt sich
die Kuh nach dem Salatkopf
frisst ihn samt Schnecke

Christine KORNTNER

Nur mehr der Wind rauscht
in den Föhren. Der Brunnen
im Hof ist versiegt.

Elfriede HASLEHNER

neben dem pressluftbohrer
acht leere mineral-
wasserflaschen

Haiga und Foto Traude VERAN

schon steht das gras hoch
sonne wind   nur wenige
tropfen bitternis

Ernst DAVID

Als lebte er noch
bewegt die Zweige im Wind
der gefällte Baum

Elfriede HASLEHNER

Nein, nicht der Vollmond
schaut heut zum Fenster herein
ein gelber Kürbis!

Isolde SCHÄFER

Kleine Nachtmusik ...
genüsslich gibt sie sich
die Mozartkugel

Heidelore RAAB

spielende kinder kreischen;
der mistkäfer schiebt
ruhig seine kugel

Mario FREINGRUBER

Nach dem Gewitter
weit aufgefächert das Grün –
Ein Jagdhund schnuppert

Rosemarie SCHULAK

Die Preisträger des Haiku-Wettbewerbs 2011

mit Kommentaren von Univ.-Doz.[in] Dr.[in] Mag.[a] HASHI Hisaki, Univ.Wien:

1. Preis

LIANE PRESICH-PETUELLI
Eisenstadt, Burgenland

das letzte Blatt fiel
vom Baum – nun leuchten Sterne
klar durch die Zweige

Kommentar:
Das Jahresereignis ist plausibel, reichhaltig an Themensubjekten der Natur, klassisch formelle Ordnung. Die 1. Strophe weckt die Aufmerksamkeit vertikal auf die Erde, die 2. Strophe leitet den Blick hoch hinauf und in der 3. Strophe findet es einen plastischen Abschluss.

2. Preis

THEO SCHMICH
Essen, Deutschland

Das Feuer längst erloschen –
doch hoch am Himmel
lange noch sein Rauch.

Kommentar:
Klarheit des Sinnbildes, sorgfältige Auswahl der einzelnen Wörter und der daraus resultierende Rhythmus der Sprache bilden insgesamt einen prägnanten Eindruck. Das Gesamtbild intensiviert sich im wiederholten Lesen, wobei (trotz aller kritischen Hinsichten) kein negatives Element auftaucht. „Erloschenes Feuer" gibt dem Leser den Nachklang der brillant feurigen Farbe (Feuerrot, orange). Das Erloschene geht doch, und zwar mit seinem langen Rauch, in den Himmel auf: das Erloschensein (Negatives) und das Aufgehen im hohen Himmel (Effekt des Positiven) treffen nicht bloß drastisch aufeinander und spalten, sondern „verschmelzen miteinander" und bilden ein wohl abgerundetes Sinnbild.

3. Preis

KARIN POSTH
Köln, Deutschland

abschiedsworte.
der einfahrende schnellzug
schneidet sie ab.

Kommentar:
Eine prägnante Momentaufnahme, eine geordnete Silbenzahl in durchaus „klassischem Sinn", ohne Bezugnahme auf eine spezifische Jahreszeit - zeigt aber insgesamt einen Menschen in einer für globale Gesellschaft typischen Szene von Zusammenkunft und Treffen. Sehr kolloquial, für jeden allgemein verständlich. Bedenken bestünde nur, dass es zu „trivial alltäglich" sein könnte.

3. Preis

MARIO FREINGRUBER
Wr. Neustadt, Niederösterreich

dunkel im zimmer;
der alten gegenüber –
ein leerer sessel

Kommentar:
Vom Sinnbild her ist die Aussage hoch dichterisch. Der Klang der ausgewählten Worte fließt in die Tiefe der Besinnung. Ein sehr gelungenes Haiku. Die Darstellungsart ist vielleicht zu sehr depressiv und „statisch".

Die JURY: Univ.-Doz.[in] Dr.[in] Mag.[a] HASHI Hisaki, Paul DINTER, Dr.[in] Rosemarie SCHULAK, Petra SELA, Dr.[in] Traude VERAN.

Die PREISVERLEIHUNG fand am 13. September 2012 im Rahmen einer Festveranstaltung in *DER* KUNSTRAUM in den Ringstrassen Galerien, 1010 Wien, statt. Mit einer Podiumsdiskussion „Was ist ein HAIKU?", Leitung Dietmar TAUCHNER.

LOTOSBLÜTE 2012/2

Neuschnee
nachts
sein eigenes Licht

nach dem Fest
das vergessene Glas
im Regen

Dietmar TAUCHNER

beide aus „Steg zu den Sternen", Wiesenburg Verlag 2012

Erste Haarspitzen
nach der Chemo –
die Zaubernuss blüht

Regina Franziska FISCHER

aus „Im Licht des Bergkristalls" Literarion im H. Utz Verlag

ein kind – es blieb stehn
und hob sein dreirad über
den ameisenpfad

Gottfried W. STIX

aus „Licht in den Fenstern", Wort und Welt Verlag 1990

Auf einem Hügel
hält die Sonne gefangen
ein einsamer Baum.

Friedrich HELLER

Liane PRESICH-PETUELLI
(1925–2020)
„Lichtbogen", Scherenschnitt

Im Flockenwirbel
verweht die Spur des Rotwilds
krachend bricht ein Ast.

Herta DANZER

Wie zu einem Bild erstarrt
verharrt die Katze -
arglos der Vogel

Hans WULZ

Kreisende Pünktchen?
Glühwürmchens Wettstreit mit dem
Johannisfeuer

Isolde SCHÄFER

Rosenblütenzeit
Nun ist fast jeder Garten
ein Dornröschenschloss.

Dornröschen mäht den Rasen
und der Prinz stutzt die Hecke

Christine KORNTNER

Blumenstrauß zur Promotion
mittendrin ein Schneck
Glückwunsch Doktor vet.

Conny HONDT

Schweißgeruch
in der U-Bahn liegt eine
Krawatte

Walter MATHOIS

Eine Auswahl an bemerkenswerten Texten
der Wettbewerb-Einsendungen 2011

Mit der Tasse Tee
im Gartenstuhl, wo Vater
letzten Frühling saß

Regina Franziska FISCHER

allein auf dem See –
die Lotosblüten füllen
den Großen Wagen

Cezar-Florin CIOBICA (Rumänien)

Frühlingswanderung
vorbei an einem Wegweiser
auf dem nichts steht

Dietmar TAUCHNER

Am Ribiselstrauch
eine einzelne Beere –
kein Vogel fand sie

Gertraud UNTERWEGER

Kinder auf der Alm:
Hi Kuh, warum bist du braun?
Warum nicht lila?

Josef GRAßMUGG

LOTOSBLÜTE 2013

Ohne Unterschrift
unter dem halben Herzen
die leere Spraydose

Paul DINTER

in die Grilldüfte
mischt sich sein
neues Rasierwasser

Regina Franziska FISCHER

Die Libellen tanzen
im innigen Liebesrad –
eine Froschzunge

Walter MATHOIS

noch immer hör ich
deine Schritte durchs Zimmer –
der Ginster blüht

Ingrid HOFFMANN

erste liebe in
den stamm der birke geschnitzt;
jetzt wird sie gefällt

Mario FREINGRUBER

Den Schleier der Nacht
durchtrennt im hellen Mondschein
der Ruf des Käuzchens

Isolde SCHÄFER

Schon warten Krähen
auf tote Quereinsteiger
längs der Autobahn

Joachim Gunter HAMMER

Das Tränende Herz
im geharkten Blumenbeet
die Regenwürmer

Walter MATHOIS

ist noch weit entfernt
der Gedanke ans Frieren –
die Kürbissuppe

Paul DINTER

bedeckt mit Schnee –
nur die Berberitzenfrucht
behauptet sich rot

Ingrid HOFFMANN

schneekristalle
säumen die blätter am strauch –
überall hundekot!

Christa MEISSNER

laut ruft das herrl
doch ungerührt folgt sein hund
der duftlandkarte

Mario FREINGRUBER

stürmische wellen –
mit einem buch im schatten
auf reisen gehen

Petra SELA

Züngelnde Natter
auf kahlem Felsrand – im Tal
der Schmetterlinge

Renate HOFER

Schiff im Hafen
fest vertaut
ohne Loslassen keine Reise

Constance Maria GEIGER

über Satellit
höre ich aus Kanada
dein leichtes Atmen

Traude VERAN

nichts tun nicht sprechen
wenn die sonne untergeht
einfach nur zusehn

Gottfried W. STIX

Mauthausen
über uns die Sonne
von damals

Dietmar TAUCHNER

GABY ZECHMEISTER
IM PORTRÄT

Interview mit Petra Sela

PETRA: Liebe Gaby, Du stammst ja aus meinem geliebten Burgenland und Dein Vater ist auch Musiker. Es wäre schön, über Deine Wurzeln und Deine Liebe zur Musik, Deine Ausbildungen und Tätigkeiten als Musikerin zu erfahren.

GABY: Mein Vater war und ist mein Vorbild und auch meine beiden Brüder spielen Instrumente. Wir sind eine große Familie und immer war die Musik mit dabei bzw. der Mittelpunkt. Begonnen habe ich mit 7 Jahren auf dem Akkordeon zu spielen, dann lernte ich Klavier und andere Instrumente. Am Konservatorium habe ich Konzertharfe studiert und später lernte ich die Keltische Harfe zu spielen. Dieses Instrument fasziniert mich ganz besonders. Ich war auch oftmals in England und Irland, um meine Beziehung zu dem Instrument und der Musik zu vertiefen. Ich spiele 3 verschiedene asiatische Zithern:

die chinesische Zither = Gu-Zheng,
die japanische Zither = Koto,
die koreanische Zither = Kayagum.

Bemerkenswert ist, dass alle drei verschiedene Spieltechniken und auch eine andere Notation haben. Damit beginnt man beim Erlernen bei jeder Zither eigentlich von vorne. Ich hatte das große Glück, diese Instrumente von Meistern aus den jeweiligen Herkunftsländern spielen lernen zu dürfen und bin immer wieder erstaunt, wie unterschiedlich die Art des Musizierens und die Musik an sich sind.

1989 hörte ich auf der Volkshochschule einen Vortrag über das Koto, da ich immer schon großes Interesse an Asien und seiner Kultur hatte. Ich habe das Koto gesehen - und war begeistert. Schon eine Woche später habe ich mit dem Kurs begonnen. Wir waren eine kleine Gruppe von 5 Leuten und da habe ich auch meine langjährige Freundin Kyoko Adanyia-Baier kennen gelernt. Wir sind oft zusammen aufgetreten und hatten immer viel Freude dabei.

Das Koto oder auch japanische Zither hat einen 1,80 m langen leicht gewölbten Klangkörper aus dem weichen Holz der Paulownia (Blauglockenbaum oder auch Kaiserbaum genannt). Das Instrument hat üblicherweise 13 Saiten, von denen jede über einen eigenen beweglichen Steg (*ji*) führt. Dadurch kann jede Saite auf jeden beliebigen Ton gestimmt werden, woraus sich eine Vielfalt von Stimm-Möglichkeiten ergibt.

In der japanischen Musik werden vorrangig dur- oder mollpentatonische Stimmungen verwendet. Die gebräuchlichsten heißen *Hirajoshi, Kumoijoshi* und *Gakujoshi*. Die beweglichen Stege ermöglichen sogar ein Verändern der Grundstimmung während des Musizierens. Die Saiten werden mit der rechten Hand mittels verschiedener Spieltechniken zum Klingen gebracht (zupfen, anreißen, schlagen, streichen etc.). Gleichzeitig kann die Saite hinter dem Steg mit der linken Hand niedergedrückt und dadurch um einen Halb- oder Ganzton erhöht oder mit einem Vibrato versehen werden.

Die/das KOTO bildete zusammen mit *Shamisen* (3-saitige Laute), *Shakuhachi* (Bambusflöte), *Biwa* (4-saitige Laute), *Sho* (Mundorgel), Hichiriki (Oboenart) und verschiedenen Trommeln das Grundinstrumentarium der *klassischen Gagaku-Musik* am altjapanischen Kaiserhof.

Der Unterschied vom Koto zu europäischen Instrumenten:
Die japanischen Kompositionen sind in Pentatonik, also 5-Tonreihe, geschrieben – im Gegensatz dazu die europäische 7-Tonreihe. Das Koto ist nicht mit einer europäischen Zither vergleichbar, es hat eine ganz andere Spieltechnik, obwohl beide – Zither und Koto – mit Plektren gespielt werden. Eher ist das Koto mit einer Harfe zu vergleichen.

PETRA: Welche Musikstücke spielst Du auf dem Koto und spielst Du nach Noten?

GABY: Klassische, altjapanische, buddhistische, aber auch zeitgenössische Stücke. Es gibt auch kleine Eigenkompositionen, die ich ab und zu spiele. Die zeitgenössische Musik zieht mich besonders in ihren Bann. Um japanische Kompositionen spielen zu können, muss man die Grundstimmung kennen, daher auch das immer wieder Stimmen vor jedem Stück und die japanischen Noten, sind eigentlich „Zahlen".

PETRA: Wir kennen einander nun schon viele Jahre und haben zahlreiche Veranstaltungen miteinander gestaltet, oft auch gemeinsam mit Kyoko Adanyia-Baier/Holm, durch sie haben wir uns kennen gelernt. So viel ich weiß, habt ihr eine Gruppe gebildet. Wer macht da mit und wie heißt diese Gruppe? Auf welchen Instrumenten spielt ihr?

GABY: *Kyoko Adanyia-Baier, Dieter Strehly und ich* haben die Gruppe „MEIKYO" (Der leuchtende Spiegel) gegründet, sie besteht nun schon seit ungefähr 15 Jahren. (2020: seit etwa 22 Jahren) Aber es gibt unzählige Projekte mit anderen Musikern aus dem europäischen Raum. So mit *Nino Holm* (Mitbegründer der „Ersten Allgemeinen Verunsicherung"), mit *Klaus-Joachim Keller, Siegfried Schopper* u.a. Wir spielen neben den asiatischen Instrumenten auf Gitarre, Violine, Cello, Flöte, Trommel etc.

Gerne denke ich zurück an unsere Veranstaltungen in der WORT UND BILD GALERIE und die vielen Lesungen, auf denen Du, Petra, Haiku vorgetragen hast. Jedes Mal, wenn ich in meinem Garten den kleinen Teich mit meinen Fröschen sehe, denke ich an Bashôs Haiku: Uralter Weiher / ein Frosch springt hinein / der Klang des Wassers.

PETRA: Wie bist Du zum „Indischen Tanz" gekommen?

GABY: Ich bin ein spontaner Mensch. So wie beim Koto ging es mir mit dem Indischen Tanz: Sehen > Wunsch > Lernen. Ich sah den *Indischen Tanz von Alarmel Valli* auf den Steinhof-Gründen. Sie ist die auch international bekannteste Vertreterin des klassischen indischen Tanzes und hat diesen Tanzstil für ihre Generation entscheidend geprägt. Sie erhielt zahlreiche nationale und internationale Auszeichnungen.

Die wunderschönen Bewegungen – wie in einem Märchen – faszinierten mich. Ich habe viel Zeit meines Lebens damit verbracht und lebte sogar einige Zeit in Indien bei einer Familie, deren Töchter ebenfalls getanzt haben. Der klassische Indische Tanz ist ja ein „Tempeltanz" und war ursprünglich nicht für ein Publikum bestimmt. Die klaren, strengen Regeln haben mich beeindruckt, die Jahrtausende alte Tradition ist spürbar. Der Tanz bildet eine Brücke von der Vergangenheit in die Gegenwart, wo man sich sehr gut selbst finden kann. Bei allem, was ich lerne, womit ich mich beschäftige, gehe ich auf die Wurzeln zurück. Ich kann die Vergangenheit spüren, mache sie für mich jetzt lebbar und kann sie auch verändern.

PETRA: Dein Mann ist auch ein großer Musiker. Welche Instrumente spielt er und was spielt ihr am liebsten gemeinsam?

GABY: Am liebsten spielen wir irisch/keltische Musik und Musik aus dem Mittelalter. Mein Mann spielt ja Posaune und Dudelsack.

PETRA: Soviel ich weiß, ist Euer Sohn ebenfalls sehr begabt, welche musikalische Ausbildung macht er? Spielt ihr auch zu dritt?

GABY: Ja, wir spielen zu dritt. Mein Sohn Fabian spielt ebenfalls Posaune, Gitarre, irische Bouzouki, nimmt zur Zeit Gesangsunterricht und lernt Querflöte. Wenn das Wetter schön ist, setzen wir uns im Garten zusammen und spielen.

PETRA: Musik ist eine so wundervolle Bereicherung für unser Leben. Familien wie die eure geben uns Hoffnung, dass es in diesem Sinne weitergehen wird. Wir wünschen euch und uns noch unzählige musikalische Erlebnisse, die unsere Herzen öffnen und alle Grenzen sprengen.

Ergänzungen von Petra Sela, im Juli 2020:

Sohn *FABIAN ZECHMEISTER* ist nunmehr Mitglied der bekannten Keltic-Folk-Gruppe „Spinning Wheel". Er ist mit Gitarre, Bouzouki, Tin Whistle und nach seiner Gesangsausbildung auch mit seiner Stimme vertreten. Außerdem engagiert er sich in der Folk-Metal-Szene.
https://www.youtube.com/channel/UChFimT3ikEPgZOLxpIhskHA

NORBERT SUCHY, Gabys Mann, ist mittlerweile als Direktor der „Regionalmusikschule Strasshof" mit etwa 500 Schülern sehr beschäftigt.

GABY ZECHMEISTER pflegt nach ihrer Pensionierung mit Leidenschaft neben der Musik ihren Garten, sie ist zur Tomatenspezialistin geworden. (Siehe facebook)

Beim 10-jährigen Jubiläum der ÖSTERREICHISCHEN HAIKU GESELLSCHAFT wird Gaby Zechmeister mit Sohn Fabian aufspielen.

Ausstellung IKEBANA und HAIKU

Ikebana International Vienna Chapter # 223 und Österreichische Haiku Gesellschaft, KulturQuartier, Wien, 6. – 9. Juni 2013

„SHOKA – FRÜHSOMMER"

Kurzbericht von Dr.[in] **EVA DUNGL**, *Präsidentin von Ikebana International, Wien. Aus dem Englischen übersetzt von TRAUDE VERAN*

Der Gesandte Japans in Österreich, S.E. IWATANI Shigeo, eröffnete die Ausstellung. In einer Live-Performance von Ikebana und Haiku konnte man das ureigene Wesen der beiden Künste erleben.

Bei der Eröffnung standen sechs Mitglieder der ÖSTERREICHISCHEN HAIKU GESELLSCHAFT jeweils neben einem Ikebana-Gesteck ihrer Wahl und rezitierten dort von ihnen geschriebene Haiku zum Thema „Frühsommer" (*shoka*): Paul Dinter, Mario Freingruber, Ingrid Hoffmann, Rosemarie Schulak, Petra Sela und Traude Veran.
Sie trugen eine Reihe von Gedichten, in der Kurzform des Haiku verfasst, vor, sowohl in Hochdeutsch als auch im Wiener Dialekt geschrieben. Der Gebrauch des Dialekts ist neu und überraschend, wirkt aber sehr zeitgemäß.

Durch das Üben meditativer Ruhe in Ikebana und Haiku kann man einen schärferen Blick auf das eigene Alltagserleben und auf Ausschnitte der umgebenden Welt erlangen. Die geistige Höherentwicklung der Konzentration führt zu Glück und Freude. Und tatsächlich sagte ein Besucher der Ausstellung: „All dieses Ikebana hier zu sehen war für mich wie eine Therapie."
Die Obfrau der ÖSTERREICHISCHEN HAIKU GESELLSCHAFT und Autorin zahlreicher Bücher PETRA SELA sagt: „Hinter dem Haiku eines Menschen steckt oft seine ganze Lebensgeschichte. Aber der Dichter vermeidet es, im Gedicht die erste Person zu verwenden."

Mehr als dreißig Ikebana-Gestecke
im Stil von *IKENOBO* und *SOGETSU* sagen uns:

Wenn Frühsommerpflanzen wachsen, dann ist Frühsommer.

LOTOSBLÜTE 2014

Feste Reichenstein.
Im Rittersaal musizieren
Grille und Wind

Heidelore RAAB

draußen marschmusik
großvater schnarcht
im eigenen rhythmus

Eva Maria KOVACS-HOMOLA

treffen mit alten freunden –
sechshundert jahre
doch nur acht leute

Theo SCHMICH

in lauwarmer Nacht
beisammensitzen
Eiswürfel schon geschmolzen

Helga SCHWAIGER

der Tee schmeckt bitter –
die Geranien blühen
auch ohne dich

Ingrid HOFFMANN

du bist gegangen
deine pferdebox bewohnt
seither eine maus

Mario FREINGRUBER

Berge spiegeln sich
im Teich – Frösche hüpfen
von Gipfel zu Gipfel

Hans WULZ

Gelb blüht das Schöllkraut
verlockend am Hausrand. Halt!
Wo hab ich Warzen?

Gerty EDERER

in den blättern
der sensen schwingt
die morgensonne

Sylvia BACHER

Wogende Ähren,
blutleer starrt sie zum Himmel.
Polt radelt vorbei.

Eva KITTELMANN

Ein kleiner Junge
Trägt in seinem Eimerchen
Das Meer zur Sandburg

Nächtlicher Garten
Ein Igel macht sich Licht
Bewegungsmelder

beide Haiku Klaus-Dieter WIRTH

HANS WERNER SOKOP

BRIONI – EINE ALTÖSTERREICHISCHE TRAUMINSEL

Zwischen meinem ersten Brioni-Buch im Akrostichon-Stil und meinem dritten mit Fotos und Sonetten erschien „Über Brioni" mit 375 Haiku/ Senryu. Diese Gedichtform ist besonders geeignet für die Verarbeitung der zahlreichen Eindrücke auf dieser altösterreichischen Trauminsel. Die Überfülle an Pflanzenarten und Baumgebilden, den Luftraum belebenden und Bodenbiotope bevölkernden Lebewesen und an erhebenden, besonnlichen Sonnen-, Wolken- und Meeresstimmungen ...
Jeder Urlaub ist Wiedersehensfreude mit Vertrautem und Wundern über neue, das Herz bewegende Erlebnisse.

golfgelände neu,
auf dem Abschlag drängen sich
Hirsch- und Hasenspur

Vor dem Gotteshaus
hält sogar der sanfte Wind
seinen Atem an

Bei Fischernetzen
zum Trocknen auf dem Molo:
satter Katzenblick

TRAUDE VERAN

SOMMER 1945 (Haibun)

(zum Text aus dem Buch von Rosemarie Schulak „Die vergessen sind", S. 134)

Erschöpft kehren sie in ihre Häuser zurück. Der Krieg ist über das Dorf hinweggefegt. Zwar sind ihnen Brandschatzung und Mord erspart geblieben, trotzdem tragen ihre Felder und ihre Seelen tiefe Wunden.

Der Alltag fordert
kümmern ums Überleben
Trauer ist später

MARA REI

REISETAGEBUCH: SOMMER 2013 (Haibun)

Bei der Hitze flirrt die Luft. Der Autobus arbeitet sich Serpentine um Serpentine den Berg hoch. Nur Schotter, Steine und weit das tiefblaue Meer. Wir fahren von der Stegna-Beach nach San Anchelos zum Kloster. Heiligmäßige orthodoxe Mönche sollen dort oben gewohnt haben.
In der Kapelle bittet man um Heilung, falls dies nötig ist. Viele kleine Bilder sind verblichene Zeitzeugen davon. Ein Hauch kalten Weihrauchs liegt in der Luft. Sonst ist es ruhig und kühl. Steinornamente sind in den Boden eingelegt, wer weiß wie alt. Ich trete aus der weiß getünchten Kapelle. Vor mir, bis zum Horizont, nur das Meer. Ergriffenheit breitet sich vom Herzen aus. So schreibe ich, verbunden mit dem Göttlichen, dem Universum, der Natur:

Weite
wohin ich schaue
Frage nach dem Sinn

INGRID HOFFMANN

VERSTEHEN (Haibun)

Wir brachten meine Mutter nach Deutschland. Sie kann einfach nicht mehr mit dem Zug fahren. Mit Gepäck ist das schon zu beschwerlich für sie. Aber sie will noch, denn ihr zwei Jahre älterer Bruder wartet auf sie. Die Begrüßung war überschwänglich. Vielleicht ist es das letzte Mal, meinte Mama. Sie ist 91.
Da sitzen nun beide, halbblind und halbtaub. Der eine spricht von dem einen, der andere von ganz anderen Dingen. Und sie lachen zusammen herzlich. Sie verstehen einander auch so und spüren ihre gegenseitige Nähe.

zwei alte Menschen
aneinandergelehnt im
Frühlingsabendlicht

tief im Hosensack
die Kastanie
mit Putzereiaroma

Conny HONDT

Zehn Hände im Teig –
Kekse backen im Advent
mit vier Kleinkindern.

Christine KORNTNER

neuschnee übernacht
weggeschaufelt
die morgenstille

Sylvia BACHER

eisblumen blühen
im fenster – der winter hat
vom frühling geträumt

Liane PRESICH-PETUELLI

Der Straße entlang
tanzt dem Frühling entgegen
eine Rotte Laub

Joachim Gunter HAMMER

Buchantiquariat
ich entlasse
den Duft der Zeit

Dietmar TAUCHNER

zwoa hosn afm föld!
an radlfoahra prackt's auf
va lauta hischaun

Eva-Maria KOVACS-HOMOLA

Wei'art und Pferscher
g'hern oewäu zaumm. Und d' Nuss'n!
Zerscht glaum, daun bossn

Rosemarie SCHULAK

olle grünan Nüss
hod da Schduam owagrissn
babaa Nussschdrudl

Traude VERAN

Friedhof am Nussberg:
Mauncha Grobstaa steht da do
wia leicht augsoffn ...

Hans Werner SOKOP

Auf mein bodesee
ziagt do a gewitta auf?
Autsch, des woa a gössn!

Christa MEISSNER

Urlaub aum Meer –
des haßt, ma braucht ka Muschl mehr
ans Ohrwaschl holtn.

Herta DANZER

VERENA PRANDSTÄTTER

UND ES BEGANN MIT INDIEN
SOULCONVERSATION

Durch ein Kunstprojekt von *Verena Prandstätter*, welches im Dezember 2004 im MAK Museum für Angewandte Kunst vorgestellt wurde, entstand eine Kooperation mit einem Sozialprojekt in Indien.

Es existiert eine Ebene, da gibt es ein einfaches Verständnis aller Kunstrichtungen und aller Kulturen. Worte, Musik, Tanz und Textil sind in diesem Projekt die Kunstrichtungen, die sich mit der Genialität der Einfachheit auf Verschiedenheit und auf Kulturen einlassen.

Im Jahr 2000 traf ich am Webermarkt in Haslach im Mühlviertel/Oberösterreich auf Marlies Küng Rüdisser *und ihren indischen Mann* Bipin Kohli.
Sie sprach von ihrem Projekt „helping hands", eine kleine Handweberei in Radjastan/Indien, die einigen Menschen Arbeit gab. Ich sprach von meinem Projekt „von Hand", in dem ich Stoffe, die in Webereien von sozialtherapeutischen Werkstätten hergestellt wurden, zu Unikaten verarbeitete.

> *Bei dieser Begegnung entzündeten sich die ersten Funken,*
> *die unsere Herzen berührten.*

3 Jahre später erzählte mir Marlies von Nomaden im Himalaya und den „Stoffen auf Wanderschaft". Ich war fasziniert, alles passte zu meiner Projektidee – SOULCONVERSATION, der Idee, Stoffe, Musik, Tanz und Wort verschiedener Kulturen zu verbinden und in einer Performance aufzuführen.

Es entstanden zuerst Texte, dazu Musik, die sich darauf einließ. Dann ergab sich alles wie von selbst, die Choreografie und die von mir kreierten und geschneiderten Kostüme, aus Stoffen verschiedener Völker, vorwiegend aus Indien und sogar von Decken der Bhutia-Nomaden im Himalaya. Die Stärke und Kraft, die von diesen Stoffen ausgingen, bereicherten alle Mitwirkenden.

Das MAK mit seiner Säulenhalle ermöglichte uns eine großartige Performance, die auf jeder Ebene ein „voller" Erfolg war. SOULCONVERSATION wurde gelebt, erlebt, weitergegeben und – lebt nach zehn Jahren auch noch in dem indischen Sozialprojekt weiter. *(gekürzte Fassung)*

https://www.artcultcomposition.at/projekte/1-kunst-kultur-projekte/soulconversation-die-show-im-mak/

Verena PRANDSTÄTTER

„Entscheidung", Mischtechnik auf LW, 70 x 60 cm

Foto: Ernst Gembinsky

TRAUDE VERAN

SYMPOSIUM DER ÖHG

AM 22. NOVEMBER 2014

„WIEN ALS SCHMELZTIEGEL DER HAIKU-DICHTUNG" *

Selten hat eine Tagung bei mir so viele Gefühle ausgelöst: Zuerst der Schreck, dass der Veranstaltungsort plötzlich nicht zur Verfügung stand, dann die Zusage von Mag. Thurnhofer, seine Galerie *DER* KUNSTRAUM in den Wiener Ringstrassen Galerien benutzen zu dürfen. Dort sorgten Bilder und Skulpturen von Künstlern aus vielen Nationen für freudige Gestimmtheit. Passend war unsere Platzierung vor den Bildern des japanischen Künstlers Masaaki Miyasako.

In den beiden Vortragenden Klaus-Dieter WIRTH (Deutschland) und Dietmar TAUCHNER trafen zwei profunde Kenner des Haiku aufeinander, die gleichwohl unterschiedliche Standpunkte einnahmen, so dass wir eine ausführliche Übersicht über derzeitige Strömungen erhielten. Petra SELA erzählte über asiatische und europäische Dichtung im Vergleich und den Werdegang des Haiku in Österreich. Die japanisch-wienerische Philosophin Hisaki HASHI schuf die Verbindung zur Wurzel des Haiku im Zen, während Marius CHELA-RU (Rumänien) internationale westliche Trends aufzeigte. Daraus ergab sich mein Thema „Übersetzung" fast von selbst. Zwischen den Vorträgen und Diskussionen lasen die Dichterinnen und Dichter der ÖHG aus ihren Texten. Die Übersetzung ins Rumänische machte Ramona KELLER.

Der multikulturelle musikalische Ausklang zeigte, welch wunderbare Ergebnisse so ein Schmelztiegel bringen kann: Kyoko ADANIYA-HOLM und Klaus-Joachim KELLER sorgten mit Japanischer Trommel, Koto und Cello für meditative Stimmung, Petra SELAs pentatonische Vertonungen ihrer Haiku, gesungen von Hori IKUYO und auf der Flöte begleitet von Prof. Liane PRESICH-PETUELLI, für den fulminanten Abschluss.

* **Das Buch zum Symposium** mit allen Vorträgen in deutsch und englisch ist 2015 bei der ÖHG erschienen und erhältlich. ISBN: 978-3-9503584-5-2

LOTOSBLÜTE 2015

Auf Flügeln tragen
sie den Winter davon –
Japans Singschwäne

Heidelore RAAB

Zugfenster
der Vollmond reist
zur Sonnenscheibe

Claudius Thomas GOTTSTEIN

irgendwann nachts
werden meine Gedanken
zu Grillenliedern

Dietmar TAUCHNER

Wenn die Fähre kommt
schmatzt's ringsum am Hafensaum
rülpst's im Bootshaus nach

Hans Werner SOKOP

Vogelgeschiss bringt Glück,
sagen die Frauen am Strand,
lachen wie Möwen

Joachim Gunter HAMMER

wieder daheim
der Geruch von getrockneten
Kräutern im Haus

Ingrid HOFFMANN

strahlender Blauhimmel
vier Bäume werfen ihre Schatten
ins flirrende Weiß

Christa Maria TILL

landschaft in grau
der nebel als
kulissenschieber

Sylvia BACHER

die amsel im nest
duldet den rasenmäher
mit stoischer ruhe

Fried SCHMIDT

so ein Regenguss!
Er hält die Hummel trocken,
der Eisenhut

Ingrid HOFFMANN

Erntedankfest
Wolkenschatten versickern
in Trockenrissen

Claudius Thomas GOTTSTEIN

Baumfäller kamen
krächzend stürzen drei Tannen
ein Cello verstummt

Oskar HANIGER

schulkinder malen
wunderblumen an die wand
der regen gießt sie

Petra SELA

Das feine Taufkleid
liegt schon lange im Karton
die Wünsche vergilbt

Mara REI

in theaterkleidung
rein ins taxi – kurz darauf
in grün am op-tisch

Petra SELA

Die Dame mit dem
schmucken Hut – wer hat denn da
Federn gelassen

Herta DANZER

er liest im Stadtplan
lächelnd schiebt sie
den Rollstuhl

Traude VERAN

reiseprospekte
hielten mich vom reisen ab –
die schönen fotos

Theo SCHMICH

Vom Klassenzimmer
ins Ferienauto
das Zeugnis zerknittert

Conny HONDT

in ferne länder
denkt er sich – bis mutter zum
abendessen ruft

Mario FREINGRUBER

nackte Füße
rissig wie die Erde
auf dem Weg zum Tümpel

Herta DANZER

kleiderspende
für die flüchtlinge –
die taschen geleert

Sylvia BACHER

ein *lachendes* kind
auf dem caritas-plakat
spenden rückläufig

Petra SELA

gott mammon schlug zu;
aus dem lkw tropfen
letzte hoffnungen

Mario FREINGRUBER

CLAUDIUS THOMAS GOTTSTEIN

PYRAMIDEN* (Haibun)

Gestern Abend haben wir am Kai angelegt und mussten über Nacht alle Schotten verschließen. Ein Eisbär treibt sich seit Tagen in Pyramiden herum. Am Morgen gehen wir auf der staubigen Straße vom Hafen in den Kernbereich der Geisterstadt. Industriebrache, in der eine Handvoll Russen leben. Sie alle sind im einzig bewohnbaren Haus der Kohlebergbaustadt, dem Hotel, untergebracht. Der Rest verfällt unter arktischen Bedingungen langsam, aber spürbar. Polarfüchse streunen umher und ziehen ihre Jungen unter den Rohren der zentralen Heizungsversorgung auf. Die Tundra erobert den einst so sorgsam gepflegten Zentralplatz Stück für Stück zurück. Vögel sitzen auf den Fenstersimsen verschlossener Gebäude. Nur die Leninstatue widersetzt sich diesem Verfall und schaut weiterhin über den nahen Gletscher hinweg Richtung Moskau. Hinter jeder Hausecke kann hier der Eisbär auftauchen. Vielleicht liegt er gerade im Sandkasten des Kindergartens oder hinter der Tribüne des Fußballplatzes. Obwohl wir bewaffnet sind, verspürt jeder in der Gruppe einen seltsamen Druck im Magen.

Tranofenrest
überspült
die Eisbärspur

* Bergarbeitersiedlung auf Spitzbergen

TRAUDE VERAN

BAD TATZMANNSDORF (Haibun)

Ich sitze auf dem Balkon des Hotelzimmers; mein Blick schlüpft durch die konzentrischen Quadrate des mattgrünen Geländers.
Drüben im Kurpark dicht und dunkelgrün und in perfektem Rund geschnitten die Buchsbaumhecke einer Labyrinthspirale.

In Barfußschritten
die Quadratur des Kreises
erfahren

KYOKO ADANIYA-HOLM
IM PORTRÄT

Interview mit Petra Sela

PETRA: Kyoko, so weit mir bekannt ist, hast du in den USA und in Wien studiert. Wo bist du geboren und seit wann lebst du in Wien?

KYOKO: Ich bin 1946 in Tokio geboren und bis zu meinem 18. Lebensjahr dort aufgewachsen. Dann ging ich zum Kunststudium ins Ausland: in die USA, an die Morehead University, und nach Wien an die Universitäten der Bildenden und der Angewandten Kunst.

PETRA: Wenn man deinen Namen hört, denkt man sofort an Textilkunst, an deine naturverbundenen Webearbeiten und die hauchzarten Kleider für „Göttinnen", aber auch an deine Tuschmalereien, sie führen uns in eine geheimnisvolle, traumhafte Welt. Was fasziniert dich an diesen Techniken?

KYOKO: Meine Mutter ist Meisterin in KUMIHIMO (= japanische Schnurflechtkunst), so war das Umgehen mit Fäden und Schnüren etwas Alltägliches. Zuerst habe ich mit Sisal gearbeitet. Im Burgenland an einer alten Mauer hing ein Sisalseil mit Stroh gebunden. Die Sonne beschien das Seil und es leuchtete golden. Das hat mich inspiriert, mit diesem Material zu arbeiten. Ich begann zu weben. Später, nach meiner Gesundung von schwerer Krankheit, hat sich meine künstlerische Arbeit verändert. Alles wurde leicht, luftig, transparent. Auf Sisal wurde ich allergisch, deshalb habe ich angefangen mit Seide zu arbeiten. Seide ist total fein und hat mir gut getan. Das Material hat mich fasziniert. Ich habe Kokons gekocht und Fäden gezogen und damit eine eigene Technik entwickelt: Weben und Papier aus Seide machen, soviel ich weiß, ist das einzigartig. Es entstanden mehr als 30 Federkleider für die Göttin (*Hagoromo*), die bei zahlreichen Ausstellungen auf allen Kontinenten gezeigt wurden.

Die Tuschmalereien entwickelten sich aus der Kalligraphie. Meistens blieb Tusche übrig und diese wollte ich verwerten. Ich begann Landschaften, Himmelskörper, Pflanzen zu malen – eine Welt, in die man hineingehen kann – quasi Reisen in einer Phantasiewelt.

PETRA: Erzähl von Deinen in letzter Zeit entstandenen Arbeiten, die Du gemeinsam mit deinem Mann *Nino Holm* gemalt hast.

KYOKO: Der Ausgang war meine Tuschmalerei, trotzdem sieht man Farben. Wenn wir schauen, sehen wir immer Farben, welche Farben sehen wir dann? Dann lockte uns das Großformat, in verschiedenen Schichten und Teilschichten, so ist es gewachsen.

PETRA: Auch musikalisch bist du präsent. Die erst kürzlich im Kulturzentrum Brick 5 vorgetragene „Seidenstraße" gemeinsam mit *Klaus Joachim Keller* und Deinem Mann *Nino Holm* (Mitbegründer und jahrelanges Mitglied der Popgruppe „Erste Allgemeine Verunsicherung", jetzt Gründungsmitglied der Gruppe „Wiener Blues"), faszinierte das Publikum. Das Zusammenspiel der asiatischen Instrumente mit Cello, Klavier und Geige habt ihr zur Meisterschaft gebracht. Es scheint mir, dass die meist melancholische asiatische Musik sich gut mit der „europäischen" Musik ergänzt. Das Cello mit seinem wunderbaren tiefen und vollen Klang steht in starkem Kontrast zu den hohen, dünnen Klängen der Koto-Saiten und die feinen Töne der Violine verbinden die Musik unterschiedlicher Kulturen.

Du spielst Koto, Ocean Drum und ich habe Dich auch am großen Gong erlebt, was sehr beeindruckend war. Eine zierliche Frau an dieser riesigen Scheibe. Was begeistert dich daran und wann hast Du angefangen, diese Instrumente zu spielen?

KYOKO: Das hat sich von Kind auf entwickelt. Mit dem Kotospiel hat es angefangen. Seit vielen Jahren spiele ich mit meiner Freundin *Gaby Zechmeister* und der Gruppe "MEIKYOO". In letzter Zeit musiziere ich oft mit meinem Mann *Nino Holm* und mit *Klaus Joachim Keller*.

PETRA: Ihr seid ein wunderbares „Dreigespann": alle drei bildende Künstler und Musiker, man hat das Gefühl, dass ihr euch auf einer Wellenlänge begegnet. Wie wird es weitergehen?

KYOKO: Wir haben große Freude, immer wieder zusammen zu spielen. Oft treffen wir uns auch, nur um miteinander zu sprechen, es wird sicher weitergehen. (*Anmerkung: Mittlerweile tritt das Trio unter dem Namen „OGO Ohne Grenzen Orchester" auf. Petra Sela, 2020*)

PETRA: Wir haben schon zwei Haiku-Bücher gemeinsam gemacht; was fasziniert dich an der Begegnung mit dem Haiku?

KYOKO: Ich bin schon 50 Jahre weg von Japan. Wenn ich mit dir das Buch gestalten kann, erinnert mich das an die japanische Kultur – es entsteht eine Begegnung mit meiner Heimat. Früher habe ich auch Haiku gedichtet, aber das machen alle Japaner, die an Literatur interessiert sind.

PETRA: Wie siehst Du die Entwicklung der Haiku-Dichtung im westlichen Raum? Und wo steht die Haiku-Dichtung heute in Japan, vor allem bei jungen Menschen?

KYOKO: Es ist interessant zu sehen, wie die japanische Literatur jetzt auf die westliche Einfluss nimmt, wie ehemals der Japonismus bei den bildenden KünstlerInnen.

In Japan ist es üblich, schon in der Volksschule mit den Kindern Haiku zu dichten. Außerdem gibt es ein großes Feld von nationalen Wettbewerben.

PETRA: Herzlichen Dank, dass Du Dir für das Interview Zeit genommen hast.

IRENE HONDT

ERKENNTNIS (Haibun)

Nach vielen Vorbereitungen und ohne Sauerstoff besteigen drei Österreicher den Cho Oyu im Himalaya. Zum Gipfel hinauf, der Erkenntnis entgegen, bei eisigem Wind. Ob das Seil halten wird? Es reibt an der Felswand, denn der Berg lehnt Eindringlinge ab. Leben oder Tod? Ein gnädiger Gott möge helfen!

Vom Berg freigegeben meint Herbert Tichy nach dem Abstieg: „Da bist nicht mehr derselbe!" Beschenkt mit der Erkenntnis der ewigen Seilschaft: Alle an einem Seil, eine Freundschaft zwischen Bergkameraden, die ewig währt!

Die Erde ist dieselbe
überall ziehen
die weißen Wolken

Langsam flußabwärts
treibt neben dem Lastenkahn
die Apfelblüte ...

Im winterklaren Bach
hüpft der Mond heute Nacht
über die Steine –

beide *Isolde SCHÄFER*

Im Hinterhof
ein Meer von Pflaumenblüten
kein Baum steht darin

Paul DINTER

Lautlose Poesie
im Staunen vor dem Wasserfall
so klein die Gestalt

Christa Maria TILL

Hommage für H.C. Artmann

in einem weiher
tickt und leuchtet es
am grunde

des husaren
guldine uhr

Sylvia BACHER

Den Hügel hinauf
zieht Nebel durch die Reben –
im Bottich Trauben

Renate HOFER

moorgräser nicht nur
in den rabatten – auch
auf den fliesen im bad

Petra SELA

Paul DINTER

aus: Gedenkfeier am Buddhistischen Friedhof Wien

Gesang der Mönchin
heller Schalenklang erreicht
nicht nur die Ohren

Im Rauch der Stäbchen
das schwindende Sonnenlicht
der Schale Tönen

ein stern bewegt sich
dieser flug nach irgendwo
bleibt im gedächtnis

Fried SCHMIDT

den Bonsai schneiden –
ein ganzer Baum wächst in
einer Menschenhand

Ingrid HOFFMANN

Des Grashalms Knoten,
welcher Erinnerungen
versichert er sich?

Joachim Gunter HAMMER

in die Furche krallt
sich der Schatten – der Vollmond
ist hinter ihm her!

Beinah gekentert
das leere Boot – es schaukelt
den blauen Himmel.

beide *Ingeborg Karin HOFLEHNER* †

Plitvicer Seen
Im Wasser stehen
und trotzdem schwitzen

Christa MEISSNER

Im Bioladen
gefragt werden:
Vollkorn oder normal?

Traude VERAN

Spaghettiessen
heute im Kindergarten –
bis an die Socken

Regina Franziska FISCHER

Oma bleibt der Mund
offen – Geburtstagswünsche
aus dem Radio.

Herta DANZER

kukuruz braten
am lagerfeuer – großvater
erzählt vom krieg

ein bagger steckt
im schnee – flocken füllen
behutsam die schaufel

beide *Eva Maria HOMOLA*

Nach dem Schwarz-Weiß-Film
des Wintermorgens blendet
sich die Sonne ein

Hans Werner SOKOP

Helmut RUSCHE

Mischtechnik auf Papier, 41 x 32 cm, 2018

CLAUDIUS THOMAS GOTTSTEIN

17383 UND 378 TAGE (Haibun)

Schwer und rhythmisch hebt und senkt sich der Brustkorb. Jedes Heben wird von einem Röcheln begleitet.
Seit drei Tagen wiederholt sich diese Monotonie. Mit jedem Senken schwindet die Hoffnung ein kleines Stück mehr, dass die Augen sich öffnen werden.
Eine Hand gleitet durch dünnes graues Haar, die zweite liegt auf dem Brustkorb. Kurz hält die Monotonie inne und an meiner Handfläche schlägt ein Herz.
Nach dieser Ruhepause nehme ich die Hände von seinem Körper und flüstere „Papa, ich ...“

Schlaganfallstation
Seine Krankenschwester zieht
den Lidschatten nach

5. JAHRESTAG FUKUSHIMA

(11. März 2011, 15:46)

sie wohnt nicht mehr dort
er war fleißig, nun verstrahlt
lachse treiben still

Walter MATHOIS

Im Elternhaus
Am Ahnenschrein
strahlt eine Puppe

Claudius Thomas GOTTSTEIN

arbeiter gehen zurück
ANDERE
sollen gerettet werden

Petra SELA

Fukushima
übersetzt in unsre Sprache:
Temelín

Traude VERAN

EDELGASE

träge vazierend
einarmiger Banditen
müßige Wolken

HELIUM
bunter Ballon
schwebend in Weltraumkälte
trotzt du der Dichte

NEON
von starrkaltem Weiß
ohne Erbarmen hin zu
popbunter Einfalt

ARGON
einigermaßen
unauffälliger Helfer
preiswerter Taten

KRYPTON
leuchtet die Lampe
gelb und grün in den Lüften
ohne Interesse

XENON
stolzer Sonderling
erhellt die Autobahn
streunt um die Bombe

RADON
flüchtiger Strahl um
die Welt vagabundierend
Wohl uns und Wehe

UNUNOCTIUM
Nachgeborenes
flüchtiges Stiefkind
gibt es dich wirklich?

SYLVIA BACHER

VERÄNDE*RUNGEN*

mit der zeit	over time
falten und lücken	wrinkles and gaps
spurensuche	search for traces

unscharfes bild	blurred image
ich entdecke die brille	I discover the spectacles
im spiegel	in the mirror

durcheinander (Haibun)

Das Geschirr gehört in die Küche.
Sie trägt es hinaus, stellt es – nein – nicht nieder, es ist das Falsche.
Die Richtung hat gestimmt. Das Was ging verloren.
Sie geht zurück, blickt rundum, legt das falsche Stück nieder,
entdeckt daneben das richtige, nimmt es hinaus in die Küche,
stellt es auf den Tisch.

altweibersommer
die fäden
durcheinander

TRAUDE VERAN

ins Amselflöten
mischt sich aus offnen Fenstern
Telegedüdel

into blackbird's song
out of open windows
blends cell phone's tootling

der fremde Nachbar –
nur am Rauschen der Spülung
merkt man er lebt da

unknown neighbour –
the noise of toilet flushing
tells me he's here

sie mit Rollator
ihr kleiner Hund
im Körberl

she and her rollator
and her little dog
inside

MARIA DONATA TRUGER

Haibun

Unter Platanen ein berührendes Wiedersehen. Er, Gedächtnispatient im sogenannten „Betreuten Wohnen", trifft nach einer kurzen Phase des Wiedererkennens auf sie. Erinnerungsteile werden wach; sickern; sickern schütter in die Gegenwart. Das Hier und Jetzt war immer sein wichtigster Bezugspunkt und ist jetzt seine ausschließliche Wirklichkeit.
Bruchstückweise kann sie ihm helfen, Erinnerungen zu einem hauchdünnen Gewebe ihrer gemeinsamen fünf Jahre zusammenzufügen. Unter Tränen Lachen wird der Begriff „Fragmente" zur persönlichen Satire für sie.

Erinnerungen
Fragmente – wer ist Mente?
oh, welch ein Wortspiel

Ein Abschied mit wallend weißem Haar und der ihm so eigenen Galanterie.
Er entweicht von der geöffneten Tür wieder in seine Geborgenheit des Heims. Sie stellt sich dem lebensnahen üppigen Alltag.

KLAUS-DIETER WIRTH

Windstille
beim Besuch der Hummel
das Nicken der Blüte

dead calm
bumblebee on a visit
the flower's assent

air calme
la visite d'un bourdon
hochement de la fleur

Pflaumenbäume
durch den Nebel hindurch
ihr Blütenduft

blossoming plum trees
seeping through the fog
their fragrance

pruniers en fleurs
à travers le brouillard
leur parfum

DIETMAR TAUCHNER

Meditation
im Sonnenlicht Staubpartikel
& ich

meditation
in sunlight dustparticle
& me

Abendessen
auf meinem Teller übrig
Sonnenlicht

dinner
on my plate lingring
sunlight

Herbert PASIECZNYK zur Serie der „Atelier"-Bilder:

Pablo Picasso bewohnte die Villa La Carlifornie in Cannes von 1955 bis 1961. Das Atelier war zugleich Wohnraum. 1957 machte Andre Villers in der Villa La Car- lifornie mehrere Fotos. Ausgangspunkt für mein Bild war das Foto mit dem leeren Schaukelstuhl. Die Umsetzung des Fotos von Andre Villers ist im Sinne der Para- phrase gedacht.
Meine Atelier-Bilder entstehen in einer zyklischen Entwicklungsreihe aber jedes die- ser Bilder kann auch für sich betrachtet werden. Die analytischen Untersuchungen mit den Mitteln der bildenden Kunst durch die Abstraktion und Konstruktion haben Bezug zur Natur und Kunst. Gleiches Format. Gleiches Thema. Gleiche Bildzeichen. Das Material ist Ölfarbe auf Leinen.
Im Laufe der Zeit verändern sich die Bildinhalte. Neue Bildzeichen kommen hinzu.

PS: Das wahre Leben der Bilder beginnt erst, wenn sie bei den Erwerbern oder wenn sie in Ausstellungen hängen. Die Trennung meiner/der Bilder vom Autor ist eigentlich auch Programm. Das Schicksal der Bilder.

Herbert PASIECZNYK: Atelier 1

Öl auf Leinen, 75 x 110 cm , 2019

nach Orkanböen
in der Nacht
wieder die Amsel

Regina Franziska FISCHER

Eine Nacktschnecke
im Futternapf
na dann, guten Appetit!

Conny HONDT

Die stolzen Wipfel.
Was der Blitz herunterbricht,
wirkt seltsam schuldig.

Hans-Werner SOKOP

die spuren im sand
nur kurz geduldet vom meer
tabula rasa

Fried SCHMIDT

Ein Zug verschwindet –
im Sog des Tunnels
die bunten Blätter

Paul DINTER

Stahlgerüst zwecks Neuverputz
Aus den Mauern
brechen grüne Zweige

Eva KITTELMANN

Als Bub die Sonne
in einen Punkt gezwungen
Rauch unterm Brennglas

Joachim Gunter HAMMER

Am Bankerl sitzen
in unberührter Natur –
der Radler bremst

Gertrud EDERER

Die Amsel kampfbereit
keift mit der Katze.
Einfach Tee trinken.

Herbert PASIECZNYK

Sengender Asphalt
im Laufwind
der kurze Schatten

Paul DINTER

der schatten rennt dem
läufer nach – vor ihm
die zielgerade

Petra SELA

Der Lindenzweig
zu meinen Füßen
ein Gewitter kommt auf

Herta DANZER

stürmischer Maiwind
aus knorrigem Astbruch
ein grünes Blatt

Ingrid HOFFMANN

Nur Sonnenstunden
zeigt der Schatten an der Wand
Essen ist fertig!

Irene HONDT

Geschlossen der Zugang
Zum See, die Entenkinder
Schwimmen frei herum

Auf den Wellen tanzt das Boot
Rhythmus des Sees
Auch in mir

beide *Constance Maria GEIGER*

Die letzte Möwe
setzt sich auf das Schiff, als ob
dies ihr Abschied wär

Hans-Werner SOKOP

Touristen berühren
Michelangelo's David –
Donnergrollen

Regina Franziska FISCHER

sommerliche Bö
Hand in Hand belauschen wir
die Stille danach

Gabriele HARTMANN

alter Schachtelhalm
Jahrtausende grüßen
Teil meines Gewebes

Maria Donata TRUGER

Qigong-Kugeln
in der faltigen Hand
es läuft nicht rund

Pitt BÜERKEN

tagesanbruch
eine zille gleitet
in den sonnenspiegel

Sonja RAAB

Welle für Welle
kommt die blutrote Stille
kommt der Mücken Tanz

Christine GRAFL

mandelblütenduft
die luft ist erfüllt davon –
oder träume ich?

Edith SOMMER

MARIA DONATA TRUGER

Haibun

Eine lange Kurve noch und steil bergauf.
Ankommen und das Atmen würziger Luft nach dem Aussteigen aus dem städtischen Alltag. Behutsames Treten durch's hohe Gras im Bemühen, fast keine Trittspuren zu hinterlassen.
Tao-te-king: „Ein guter Läufer hinterläßt keine Spuren" ...
Da Schlüsselblumen, dort Knabenkraut, Enzian, Vergissmeinnicht; innehalten, Bäume begrüßen und kleine, feuchte Katzenpfötchen-Abdrücke wahrnehmen. Rund ums Haus ist Leben in Stille. In der Ferne locken Nockberggipfel. Alles wird seine Zeit haben - das Wandern, das Sammeln, das wieder Eingewöhnen in der Höhe.
Das Haus will erschlossen werden – noch nicht. Die Sonne auf der Terrasse verleiht Wärme im Gegensatz zu der finstern Kälte im Inneren, bevor Läden geöffnet und dadurch Spinnweben zerstört werden.

Lichtdurchflutet
knarrendes Treppengehölz
lockender Zirbengeist

Ob die Katze wieder ums Haus streicht?
Futter wäre bereit ...

Foto © Petra Sela

SYLVIA BACHER
(eine der Preisträgerinnen)

DIE KRAFT DES WINDES
ERSTER HAIKU-WANDERWEG IN ÖSTERREICH:
WINDPARK KREUZSTETTEN

Bei strahlendem Sonnenschein wurde am 24. Juni 2017 der erste Haiku-Wanderweg im Windpark Kreuzstetten eröffnet.

Im Rahmen des Weinviertelfestivals Niederösterreich 2017 mit dem Motto *Metamorphosen* war von Herbert Marko und Rudi Weiß das Projekt „Wort-Wind-Bild" initiiert worden. Partner war die Windkraft Simonsfeld AG. Die Österreichische Haiku-Gesellschaft (ÖHG) stellte die Jury für den Haiku-Wettbewerb.

Bei der Windkraft Simonsfeld AG in Ernstbrunn hatten sich nachmittags etwa 50 Teilnehmer an der Veranstaltung eingefunden. Diese begann mit einem Rundgang durch die Ausstellung des bekannten Fotokünstlers Heinz Cibulka: farbenfrohe Landschafts-Collagen zum Thema.

Die Vorstellung der Siegerhaiku war von Rudi Weiß als Diaporama aufbereitet worden: Von einfühlsamer Musik begleitet und mit impressionistischen Schwarz-Weiß-Fotos sensibel untermalt, kamen die lyrischen Texte eindrucksvoll zur Geltung.

Von 600 eingesandten Haiku waren von der Jury der ÖHG (Petra Sela, Dietmar Tauchner und Traude Veran) acht Siegerhaiku (von 4 AutorInnen und 4 NichtautorInnen) ausgewählt worden. Vier Preisträgerinnen waren anwesend und nahmen die Ehrung entgegen.

Anschließend ging es im e-Mobil-Konvoi zum Windpark Kreuzstetten, wo die Siegerhaiku auf Windrädern affichiert worden waren.

Martin Steininger, Vorstand der Windkraft Simonsfeld, und Adolf Viktorik, Bürgermeister von Kreuzstetten, eröffneten mit der symbolischen Enthüllung des am ersten Windrad angebrachten Haiku den Haiku-Wanderweg.

Link: www.wksimonsfeld.at

SYLVIA BACHER
(one of the prize-winners)

THE POWER OF WIND
FIRST HAIKU WALKING TRAIL IN AUSTRIA:
WIND FARM KREUZSTETTEN

The opening of the first haiku walking trail in the wind farm Kreuzstetten on June 24, 2017, took place in bright sunshine.

In the course of the Weinviertelfestival Lower Austria 2017, themed *Metamorphoses*, Herbert Marko and Rudi Weiß had initiated the project "Word-Wind-Picture ". Associate Partner was the Windkraft Simonsfeld AG. The Austrian Haiku Association (AHA) appointed the jury for the haiku-contest.

On the premises of the Windkraft Simonsfeld AG in Ernstbrunn about 50 participants attended the event, beginning with a tour through an exhibition of the well-known photographer Heinz Cibulka: colorful collages on the subject.

The presentation of the winner haiku was prepared as diaporama by Rudi Weiß: accompanied by atmospheric music and sensitively highlighted in impressionistic black-and-white photographs the lyric texts impressively showed to advantage.

From 600 haiku entered the AHA-jury (Petra Sela, Dietmar Tauchner and Traude Veran) had selected eight winner haiku (4 from authors and 4 from non-authors). Four winners were present and accepted the honor.

Subsequently the participants moved in an electric car convoy to the wind farm Kreuzstetten, where the winner haiku had been affixed to the wind turbines.

With the symbolically unveiling of the haiku on the first wind turbine Martin Steininger, managing board director of Windkraft Simonsfeld, and Adolf Viktorik, mayor of Kreuzstetten, started off the haiku walking trail.

Link: www.wksimonsfeld.at

SIEGERTEXTE

der Autorinnen und Autoren

Haiku-Wettbewerb „Die Kraft des Windes"
ausgeschrieben vom Weinviertel Festival 2017

Die Reihung hat keine Bedeutung.

SYLVIA BACHER, Wien:

> wind in den weiden
> aufgeplustert
> ein kauz

MECHTHILD PODZEIT-LÜTJEN, Wien:

> Ein Kranichjunges
> hüpft im Wollgras. Umzingelt
> von Windradtürmen.

EDUARD TARA, Lasi/Rumänien:

> Dämmerungsbrise –
> die jungen Bambusblätter
> lernen zu flüstern

FRIEDRICH WINZER, Biedenkopf/Deutschland:

> Nacht
> Windräder morsen
> Stille

LOTOSBLÜTE 2018

TRAUDE VERAN

zum FRAUENTAG: 100 Jahre Frauenwahlrecht

eine Auswahl

im Schwarzen Loch
verschwunden dein Gesicht
unterm Niqab

das Haar unbedeckt
Großmutters Kopftuch
birgt den Säugling

alles gemäßigt
selbst die Jam zum Frühstück
schmeckt wohlerzogen

einbrechen in den Wohlklang
aufrühren
bersten
und dann lachen

der Gefährtin
das geflochtene Band
in den Sarg legen

Gründonnerstag
ein Hahn kräht
drei Mal

Pitt BÜERKEN

Apfelbaum- und
Kirschblüte, frisches Grün am Ahorn
fast zu viel fürs Auge

Christa Maria TILL

die ersten Kirschen!
und was bringt mir der Gatte?
Steine ... nur Steine!

Gabriele HARTMANN

Das Kopftuch verschwitzt
Die Bäuerin rührt den Teig
für Sonntagskrapfen

Mara REI

Wollte Lavendel schneiden,
doch –
die vielen Falter

Heidelore RAAB

saftige Birnen
fallen auf das grüne Beet,
der Tag duftet nach Honig

den Himmel voll
von abfliegenden Vögeln
trage ich in der Seele

beide Etela *FARKAŠOVÁ*

die Kunden enttäuscht
der fliegende Teppich
ohne Navi

Georges HARTMANN

Ein Dach überm Kopf
Bunte Blumen im Garten
Nur der Nachbar fehlt

Renate *PHILAPITSCH-ASCHOBER*

Erdbeereis klebt
auf ihrem Arm
Sonnenbrand

Walter MATHOIS

Gezeter im Holz –
Der Igel lauscht und richtet
seine Stacheln auf

Rosemarie SCHULAK

Immer tiefer lehnt sich
die Vogelscheuche
in die Einsamkeit

Klaus-Dieter WIRTH

Flussaufwärts
Kinderlachen
hüpft von Stein zu Stein

Claudia BREFELD

Klaus-Joachim KELLER: „Ausschnitt I"
Mixed Media auf LW, 10 x 40 cm, 2019

für die werbung
alle farben ausgekramt
der pfau

Sylvia BACHER

Der Ruf des Kuckucks
vom Kiefernwald her zum Takt
des Zähneputzens

Regina Franziska FISCHER

Weißnackenkranich
die platten Füße im Sand
stakt nervös umher

ob er wohl Heimweh hat, der
asiatische Zoogast?

Christa Maria TILL

regungslos
im gekräuselten See
Blaureiher ...

auch ich beuge ein Knie
und senke den Kopf

Gariele HARTMANN

Wieder entwachsen
der Einsiedlerkrebs im Kampf
um ein Schneckenhaus

Paul DINTER

ZUM SCHMUNZELN:

der sprechende Lift –
neuer Partner für meine
Hörgeräte

Traude VERAN

Fernseher – Liebe
meiner alten Tage – du
lässt mich nicht verblöden!

Ingeborg Karin HOFLEHNER †

Bares für Rares
Großmutters Zähne wandern
in gute Hände

Josef SCHAUR

Rotkäppchen im Wald,
den Wolf an der Leine. Sie
schnüffeln nach Trüffeln.

Eva KITTELMANN

In der Annonce
hatte er noch überzeugt,
doch beim ersten Treff ...

haut's das arme Dornröschen
in neuerlichen Tiefschlaf

Georges HARTMANN

INGEBORG KARIN HOFLEHNER †

Haibun

Fernsehübertragung am Pfingstmontag 2018 - „Die Schöpfung" von Joseph Haydn.

Ein wunderschöner sonniger Morgen. Man lässt mit Vergnügen die Schöpfung auch in natura durch das offene Fenster sehen. So genial wie bei Haydn stellt sich dieser göttliche Überschwang allerdings nicht ein: da trarat doch beim ersten Anhauch prompt die Feuerwehr drüber!

> Am Anfang schuf Gott
> – schon wieder die Feuerwehr -–
> Himmel und Erde

GEORGES HARTMANN

Der Gitarrist die Lippen spitzt (Haibun)

Der zwischen Apotheke und Buchhandlung postierte Gitarrenspieler singt „Blackbird" von den Beatles. Ich bleibe abrupt stehen, werde im Strom der Menschen zum Hindernis, rette mich wie ein vom Fluss in einen blinden Winkel geschwemmtes Stück Treibgut in den nächstbesten Hauseingang, lasse mich vom Klang der Gitarre und dem Liedtext in eine weit zurückliegende Zeit tragen, als mein Leben noch mit ganz anderen Dingen befasst war als heute. „Blackbird fly into the light of the dark black night", schwappt die Melancholie an mein Ohr, so dass ich beinahe eine Gänsehaut bekomme und damals wie heute den Kontrast der ins Licht der schwarzen dunklen Nacht hinein fliegenden Amsel wie ein in Pastellfarben hingehauchtes Bild begreife, dessen Inhalt mir jahrelang fremd blieb. Ich warte, bis die Stelle kommt, an welcher der Gitarrist die Lippen spitzt und sekundenlang eine Melodie in den freien Raum pfeift, greife in die Hosentasche, um nach den darin in loser Schüttung gelagerten Münzen zu angeln, von denen ich dann eine in die auf dem Boden ausgebreitete Gitarrenhülle lege. „You were only waiting for this moment to be free" ...

AUS DEM HAIKU-SEMINAR 2018

Abschluss-RENGA

Vorstellungsrunde
einer studiert die Rücken
der Folianten   Gabriele Hartmann

kein System im Regal
das stört seinen Ordnungssinn   Andrea König

Haiku zerpflückt
Sätze neu kombiniert
der Abend hitzig   Mara Rei

die Spannung steigt, der Kopf brummt
ist der Nachtschlaf gesichert?   Herta Danzer

die erste Nacht wird
unterbrochen
durch Mückenstiche   Ingrid Hoffmann

auch Schnarchgeräusche störend
Gottlob der Morgen graut   Maria Donata Truger

frohes Geplauder
lässt den Traum vergessen
das Seminar beginnt   Petra Sela

der Mittagstisch rückt näher
noch stärker knurrt der Magen   Paul Dinter

Gedanken finden
Raum auf weißen Blättern
es klingt das Mittagsgeschirr   Constance M. Geiger

bräuchte jetzt schnell ein Glas Wein
für einen zündenden Abschluss   Georges Hartmann

LIANE PRESICH-PETUELLI †

LYRISCHE BRÜCKEN

eine Auswahl

THEODOR STORM, Die Nachtigall

aufgesprungen sind
die Rosen solch süßes Lied
sang die Nachtigall

FRIEDRICH HEBBEL, Herbstbild

kein Atem bewegt
den goldenen Tag – lautlos
fallen die Früchte

FRIEDRICH NIETZSCHE, Vereinsamt

Reifkälte nistet
im nackten Baum – zur Stadt ziehn
schwirrend die Krähen

Scherenschnitt: Liane Presich-Petuelli

Die „Lyrischen Brücken" sind als Versuch zu verstehen, Motive deutscher Lyrik im Geist fernöstlich-japanischen Haiku nachzuempfinden und formgerecht umzugestalten. (Liane Presich-Petuelli)
Leider ist die Autorin, Musikerin und Scherenschnitt-Künstlerin im Jänner 2020 kurz nach ihrem 95. Geburtstag verstorben. (Siehe Nachruf auf Seite 204.)

SYLVIA BACHER

Herausgeberin des Buches
AFRIKU. Vienna meets Africa. Haiku, ÖHG Wien, 2019
schrieb 2018:

AFRIKU *

Das afrikanische Haiku

Die Aufgabe, für unseren diesjährigen Themenschwerpunkt Afrika Haiku aus Afrika zu organisieren, stellte mich vor eine schwierige Herausforderung. Unser Vorstandsmitglied Ingrid Hoffmann hatte glücklicherweise einige weiterführende Internetlinks ausfindig gemacht und sie mir zur Verfügung gestellt. Vor allem ein Link war von Interesse, nämlich der zum PEN Southafrica (PEN SA).

Darüber hinaus fand ich bei meiner Recherche einige Autoren mit starker Internet-Präsenz. Hier ist vor allem Adjei Agyei-Baah aus Ghana zu nennen, der mich bei meinen Bemühungen intensiv unterstützte und mehrere Mail-Adressen zu hervorragenden Haiku-Poeten in Afrika beisteuerte.

Dann kam auch die Rückmeldung des PEN SA, mit dem Angebot einen Aufruf auf die Homepage zu setzen.

Da in der Lotosblüte nur eine begrenzte Anzahl an Haiku Platz findet, werden hier alphabetisch, d.h. unabhängig vom Bekanntheitsgrad der Dichter und von der Qualität der Haiku, alle beteiligten Autoren und Autorinnen (für etwaige Verwechslungen von Vor- und Nachnamen darf ich mich entschuldigen) mit jeweils einem Haiku vorgestellt.

Für Frühjahr 2019 ist von der Österreichischen Haiku-Gesellschaft eine Afriku-Anthologie geplant, die den Autoren eine breitere Plattform für ihre Haiku bieten und ihnen auch Gelegenheit geben soll, persönlich zu Wort zu kommen.

Dank möchte ich aussprechen:

Allen Haiku-Poeten für die bereitwillige Zurverfügungstellung ihrer Haiku sowie unter ihnen all jenen, die mir bei der Rekrutierung weiterer Autoren aus dem weiten Feld des afrikanischen Haiku halfen. Weiters dem PEN SA, der mit seinem Aufruf auf der Homepage viele Poeten erreichte.

weiterführende Links:
https://africahaikunetwork.wordpress.com/
https://www.thehaikufoundation.org/omeka/files/original/
45bbf38ca68bb214b04e4476bdb0b9a2.pdf (History of African Haiku)
http://pensouthafrica.co.za/

Die Bezeichnung Afriku wurde von Adjei Agyei-Baah aufgebracht, für Haiku zur Eigenart und Einzigartigkeit des afrikanischen Kontinents, und sie ist auch der Titel eines seiner Bücher.

AGYEI-BAAH Adjei

1977 in Kumasi, Ashanti Regio Ghana geboren, wo er bis heute lebt. Magister in Englisch, Betriebswirtschaft und Unternehmensführung. Zusammen mit Emmanuel Jessie Kalusian ist er der Begründer des Africa Haiku Network und des Mamba Journal, Hrsg. von AFRIKU (Haiku und Senryu from Ghana), Red Moon Press und GHANA.

Haiku in Twi und in Englisch von Agyei-Baah

Roasting sun	Brennende Sonne
the egret's measured steps	des Reihers gemessene Schritte
in buffalo shadow	im Büffelschatten

PAGE Samantha

lebt in Kapstadt. Sie unterrichtete Englisch in Thailand, besuchte die US Yale University und schloss einen Kurs in Marktführerstrategien ab.

Rain	Regen
Big, fat, loud, bright rain	Schwerer, lauter, funkelnder Regen
spilling from pillowy clauds	stürzt aus Polsterwolken
thirsty land drink, drink	durstiges Land trink, trink

MASMOUDI Sarra

wurde 1953 in Sfax/Tunesien geboren. Bachelor in Philosophie (Literatur) und akademische Ausbildung in Geographie. Wurde sie 1977 die erste Frau in leitender Position in einem der größten Unternehmen Tunesiens.

Feuilles mortes −	Trockenes Laub −
je marche surt trois mois	ich trete auf drei Monate
de soleil	Sonne

MGOGOSHE Sabelo

geboren und aufgewachsen in Port Elizabeth, ist Schriftsteller, Maler und Musiker.

scars	Narben
My pain is a song,	Mein Leid ist ein Lied
humm'd by the drippings of tears	geträllert von den Tränentropfen
and echoes of scars.	und den Echos der Narben

Ulrich GANSERT

„Begegnung im Urwald", Acryl auf Papier, 32 x 37 cm

LOTOSBLÜTE 2019

Vom Meer aus hört man
den Sound der fernen Großstadt
wie aus der Muschel

Maria BAUMGARTNER

Spuren der Schlange
wie Falten im Sand
der Wind verweht sie

Mara REI

heißer sand
auf der suche nach
dem kleinen prinzen

Sylvia BACHER

CHRISTA MARIA TILL

Haibun

Zu Zeiten, als nach langer Haft der große schwarze Mann Präsident wurde, konnte ich auf einer Reise sein Land kennenlernen. Nun sollten alle an seiner Regenbogennation mitarbeiten: Schwarze, Weiße, Inder. Da war dieses immens weite Land mit den fernen Horizonten, die Tierparks mit ihrer Wildnis, die mächtigsten Baobab-Bäume des Kontinents. In der Ferne hörte man sie immer wieder singen: Nkosi Sikelel'i Afrika.

Eines Abends traf ich den Zulu-Mann. Er wollte wissen, warum ich ins Land gekommen sei. Nur wegen der Tiere?
Ich verneinte und sagte ihm, ich würde den großen schwarzen Präsidenten bewundern.
Aber für uns hat sich noch immer nichts geändert, meinte er.

Sternschnuppen – Hoffen
vor Afrikas Nachthimmel
zerstoben, verraucht

diesseits und jenseits
der alten Stadtmauer
das Lied der Amsel

Gabriele HARTMANN

Megacity
im Lichtmüll verblassen
Mond und Sterne

Pitt BÜERKEN

Der Mond steigt auf
an der Stadtmauer Schatten
der streunenden Katze

Mara REI

Immergrün und grau
Schornsteine schnüren den Rauch
die Katze schläft schon.

Stefan WEIXLER

Die Äffin in Gold
mit den traurigen Augen
wo ist ihr Junges?

Christa Maria TILL

mit geschlossenen
Augen spielt er die Geige
niemand hört ihm zu

außer dem Fotografen
der vergisst abzudrücken

Herta DANZER

Zum Thema „Dialekt"

In an Baamstumpf
hot a junger Löwnzaun
si fest verbissn

Hans Werner SOKOP, Wien

Bonobo-Offen
fressn vun olle Streicha
jetzt haubns' a Schlogseitn

Christa MEISSNER, Wien

do schau! da Maisturm
hot olle leeren Mistkübeln
afoch wegblosen

Ingrid HOFFMANN, NÖ

Sunnenbrand
de Waterlöcker füllt sick
met Lucht

Pitt BÜERKEN
Münsterländer Platt

Gaunz buglad
ba da Hoanzlgoaß* – da oide
Besnbinda

Heidelose RAAB, OÖ

* *Schnitzbank*

rushhour – s bluat kocht
in da U-baun drängt si
a blada duach de leit

Petra SELA, Wien

De vüün Leit
rund ums Hiadlgspüü
die Heh kummt

Paul DINTER, Wien

im kreisvakea
eingfadlt – wiarim schulhof
inan springschnurrhythmus

Sylvia BACHER, Wien /Stmk.

D'Sunn vaschwindt hinterm
Hügl – a Kondensstrafn
kummt viara

Herta DANZER, Wien

s'madl kimmt reahrat
aus de fliedabisch: „warum
hot mi koana gsuacht?"

Eva Maria HOMOLA
aus dem Südburgenland

Als letztes Geschenk
verströmt der gefällte Baum
süß riechendes Harz

Georges HARTMANN

Abgestorbener Ast
doch der Schatten darunter
scheint noch voll belaubt

Hans-Werner SOKOP

der kirschbaum steht
noch in großvaters garten
fremde menschen ernten

Petra SELA

Fort sind die Bienen,
noch rasch selbstbestäubende
Obstbäume setzen!

Joachim Gunter HAMMER

Unterm Fliegenpilzschirm
wird der Käfer nicht nass
wenn's noch so prasselt

Herzlinde KRIZ

Flammendes Herbstlaub
entzündet die Dämmerung –
träumen von Kyoto

Heidelore RAAB

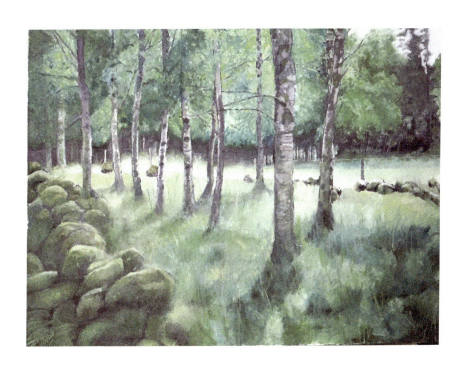

Nino HOLM

„boraas mittags", Öl auf Leinwand 80 x 100 cm

VERANSTALTUNG DER ÖHG „*GEGEN* FASCHISMUS"
am Österreichischen Staatsfeiertag,
dem 26. Oktober 2019

Galerie *DER* KUNSTRAUM
Ringstrassen Galerie, Wien

„Haiku und Senryû sind mehr als bloße Naturimpressionen. Haiku und Senryû sind Gedichte des Engagements. Des Engagements für eine unverstellte Wahrnehmung der Wirklichkeit; des Engagements gegen verzerrte und ausgrenzende ideologische Haltungen."

Dietmar TAUCHNER
Initiator der Veranstaltung

Im Mittelpunkt stand die Lesung der beiden Gäste
aus Deutschland und Italien:

Toni PICCINI, Italien:

aus *Auschwitz und desgleichen*,
aus: Red Moon Express, Winchester 2018
ISBN 978-1-947271-21-0

wechselndes Licht
durch den tätowierten Lampenschirm
menschlicher Haut

Grasflecken
auf deren Zähnen
unerbittlicher Hunger

die Stoffpuppe
mit Davidstern —
jetzt eine Waise

Ralf BRÖKER, Deutschland:

Asyldebatte
im Kindergarten
nur Kinder

mit deutschem Gruß
im Schritt bepisst
und wo war ich

Blätter wehen
durch das Brandenburger Tor
dein aschenes Haar

unter dem Schatten
einer schlichten Blume
mein Trotzalledem

* * *

nur ein Kinderschuh
bleibt von Freiheit
es brennt im Asylantenheim

Ingrid HOFFMANN

flüchtlingswelle
am stacheldraht
bricht sie

Sylvia BACHER

Auffanglager
sie faltet
Kraniche

Gabriele HARTMANN

Aus dem Artikel von Sylvia BACHER

„SPIELEN in Japan"

Ein Brettspiel: GO

kam wahrscheinlich im 5. Jahrhundert aus China nach Japan. Bis zum 8. Jahrhundert war es bei den buddhistischen Mönchen und Nonnen beliebt, später wurde es als höfisches Spiel von den Samurai gepflegt. Es zählt in Japan, wie ursprünglich in China, mit Musik, Kalligraphie und Malerei zu den *Vier Künsten des Gelehrten*.

Die Terminologie des Spieles ist von der Astrologie beeinflusst. Auf dem Spielbrett (*goban*) gibt es insgesamt neun erhabene Punkte als Orientierungshilfen. Der Punkt im Zentrum des Spielbretts heißt *tengen* (Himmelszentrum), die weiteren, achsen- und punktsymmetrisch angeordneten schwarzen Punkte werden hoshi (Sterne) genannt.

Go ist ein Strategiespiel für zwei Spieler. Sie setzen abwechselnd gleichwertige Spielsteine auf die Kreuzungspunkte des Spielbretts. Ziel ist es, einen möglichst großen Anteil des Spielfeldes mit geschlossenen Ketten für sich einzunehmen. Formationen gegnerischer Steine werden geschlagen, indem man sie einschließt. Dabei ergeben sich trotz einfacher Grundregeln komplexe strategische Möglichkeiten.

Go ist zunehmend auch bei Frauen beliebt und es gibt in japanischen Salons eigens für Frauen reservierte Go-Abende.
Begeisterte Go-Spieler waren Albert Einstein und Alan Turing: Einstein (1879-1955) kam in den frühen Fünfzigerjahren in Princeton in Berührung mit Go; Turing (1912-1954) spielte es in den Dreißigerjahren in Cambridge und Princeton.

Ein Kartenspiel: HANAFUDA

geht wie andere Kartenspiele in Japan ebenfalls auf europäische Vorbilder zurück. Man spielt es mit einem Satz von 12×4 Karten unterschiedlicher Motive und Werte (Blumen – 1 Punkt, Schleife – 5 Punkte, Erde –10 Punkte oder Licht – 20 Punkte), die den 12 Monaten des Jahres, nach dem Mondkalender, zugeordnet sind. Es gibt mehrere Spielvarianten wie Koi-Koi oder Hachi-Hachi, wobei vor allem das Letztere Ähnlichkeit mit Poker hat.

Fortsetzung auf den Seiten 92 und 93

Rudolf SVOBODA

aus der Serie „Interwelt", Collage

Ein weiteres SPIEL: AYATORI

Während unser *Hexen- oder Fadenspiel* von einer Person praktiziert wird, indem sie aus einer geschlossenen Schnur, die zwischen den Händen gespannt wird, durch Durchziehen und Überheben der Fadenteile Figuren erzeugt, nehmen an seinem japanischen Pendant, das mit unserem *Abnehme- oder Abhebespiel* ident ist, zwei oder mehrere Spieler teil. Dabei werden aus einem Anfangsbild neue Figuren erzeugt, indem der Faden von einem Mitspieler auf die eigenen Hände übernommen wird.

Das Abnehme-Spiel wird auf der ganzen Welt gespielt, auf Hawaii heißt es *hei*. Auf der Osterinsel werden mit dem Abnehme-Spiel, *kai kai*, alte Geschichten in der indigenen Sprache Rapanui überliefert.
Die Figur *Anfang*, für die man eine 2 m lange Schnur benötigt, stammt vermutlich aus Japan und wurde von Seefahrern nach Europa gebracht.

Spiele im Freien: KENDAMA

ist ein beliebtes japanisches Geschicklichkeitsspiel. Das Wort des Spielzeugs *Kendama* setzt sich aus *ken* für Schwert und *tama* für Kugel zusammen. Sein Ursprung ist unbekannt, doch wird ein für Jagdrituale verwendetes ähnliches Gerät, *Pommawonga* („spieß den Fisch auf"), in Überlieferungen der Inuit erwähnt. Die ersten Belege sind aus dem 16. Jahrhundert. *Bilboquet*, ein Spielzeug in Frankreich zu dieser Zeit, soll der Vorläufer des japanischen Kendama sein.

Kendama ist ein Holzspielzeug, das aus einer Kugel (*tama*) besteht, die ein Loch (*ana*) hat und durch einen Faden (*ito*) mit dem Griff, auch Schwert (*ken*) genannt, verbunden ist. Die Spitze des Griffes nennt man Schwertspitze (*ken-saki*). Auf dem Griff ist die Tellertrommel (*sara-do*) fixiert, auf der sich zwei Teller befinden: Der großer Teller heißt *ōzara*, der kleinere Teller *kozara*. An der Basis des Griffes befindet sich der kleinste Teller: *chūzara*. Ein Wulst um den Griff (*subari-dome*) soll ein Abrutschen während des Spielens verhindern.

Das Ziel des Spiels ist es, die Kugel an der Schnur nach oben zu katapultieren und auf einem der drei Teller zu fangen. Da es durch die Konstruktion des Kendama eine Unzahl an Trickmöglichkeiten und Kombinationen gibt, sind der Fantasie bei der Regelgestaltung keine Grenzen gesetzt. Vor dem Spiel wird definiert, welcher Trick mit wie vielen Versuchen geschafft werden soll.

Beim sogenannte „*Battlen*" macht ein Spieler einzelne Tricks oder auch eine Trickkombination vor, die der Gegner nachmachen soll. Sieger ist, wer am Ende die meisten Punkte hat.

Ähnliche Kugelfangspiele sind auch in anderen Ländern bekannt: *Balero*, *Trichterball* oder das schon erwähnte *Bilboquet*.

HANETSUKI

ist eine Art *Federballspiel*, das in den Tagen nach Neujahr von festlich ge-kleideten Mädchen ausgeübt wird: Mit je einem Brett (*hagoita*) wird ein leichter kleiner Ball, der nicht auf den Boden fallen darf, so oft wie möglich zwischen den Spielpartnerinnen hin- und hergeschlagen.

> Beim Federballspiel
> sind die Mädchen des letzten
> Jahres nicht mehr zu sehen
>
> **Masaoka Shiki (1867–1902)**

> Nach dem Saison-Schluss
> bespielt den Minigolf-Platz
> ganz allein der Wind
> *Georges HARTMANN*

> labiler stand
> zwischen himmel und erde
> in der kreide
> *Sylvia BACHER*

Geburtstags-Collage von *Paul DINTER* >>>

2020

BLUMEN / PFLANZEN

Erstes Rendezvous
hinter den roten Tulpen
ein blasses Gesicht

Stromausfall
das Gelb der Forsythien
in der Neumondnacht

beide *Paul DINTER*

Woken ziehen still
das Schilf verstellt die Aussicht
Vogelhochzeit

Marianne GUGG

Diese Sommerwiese,
was für ein Außersichsein
in Zeitlupe!

Joachim Gunter HAMMER

dem Kind gefällt's
nur der Alte schaut nachdenklich
aufs fallende Laub

Georges HARTMANN

mit der Gießkanne
auf dem Rollator schiebt sie
durch ihr Blumenbeet

Regina Franziska FISCHER

Frühlingserwachen
es raschelt unter dem Efeu –
ein trockenes Blatt.

Stephan WEIXLER

Der Malvenstrauch voll
von Blüten - über dem Wald
Nebelschwaden

Herta DANZER

zwischen mir
und dem Reh
die Stille des Waldes

Haiga: *Claudia BREFELD* / Foto: *Paul BERNHARD*

das wippen des
blütenzweiges nach dem
besuch der hummel

Petra SELA

Das Blütenbäumchen
im Vorbeigehen übersehen
duftet hinterher

Hans Werner SOKOP

später Frost –
auf dem Teeservice
Kirschblüten

Traude VERAN

Orangene Blüten
der Bienengast schlüpft hinein
leichtes Erzittern

Christa Maria TILL

Nieselregen im Mai
das Gewicht der Glyzinien
in der Stille

Klaus-Dieter WIRTH

im Brautstrauß
Wandelröschen – sie schüttelt
den Kopf

Gabriele HARTMANN

in der Abendsonne
lesen im Gartensessel
Narziß und Goldmund *

Regina Franziska FISCHER

Blüten der Pflaumen –
in einer einzigen Nacht
fielen sie alle

Josef SCHAUR

in den startlöchern
fürs frühlingsfest – die
dichternarzissen

Sylvia BACHER

wo gibt's denn so was –
In Nachbars Garten gedeihn
Bananenstauden

Ingrid HOFFMANN

* Titel einer Erzählung von Hermann Hesse

BACKSTAGE

hinters licht geführt
das publikum manipuliert
mit schönen worten

Sylvia BACHER

Der Schauspieler rückt
näher zur Souffleuse – leises
Schnarchen im Kasten

Herta DANZER

Gesperrt die Oper
in den Vorhang gehüllt
das Schweigen

Paul DINTER

Rosen und Applaus
an der Rampe – backstage
me too

welch bunte Fülle
Valentins Herz kommt
aus dem Glashaus

beide *Traude VERAN*

Ein letzter Schluck
hinter der Bühne –
endlich lässt das Zittern nach

Sabina PTASCHEK

Komparsen
im Geäst einer Kiefer
Eule und Mond

Gabriele HARTMANN

morgens im Spiegel –
mein Leben
ungeschminkt

Eva JOAN

Der Blumenbote
lächelt mich an – und fragt nach
meiner Kollegin.

Moritz Wulf LANGE

Feuermelder schweigt
zur hitzigen Debatte
im Flur nebenan

Wolfgang RÖDIG

In grauen Haufen
verglüht der Herbst zu Kompost,
verhüllt vom Nebel.

Georges HARTMANN

Applaus für Kasperl!
Der Mann dahinter
lächelt

Heidelore RAAB

KLIMAWANDEL

Klimawandel
zur Freitagsdemo
mit dem Porsche

Walter MATHOIS

Noch immer
kein erster Schnee – und nun
blühen die Schneeglöckchen.

Reinhard DELLBRÜGGE

Protest
er malt die Landschaft
ohne Windräder

Friedrich WINZER

rappeltrocken
unter der Rinde blühen
die Borkenkäfer auf

Pitt BÜERKEN

mit dem rechtsruck
nach dem letzten atomtest
die welt verändert

auf der anderen seite
scheint jetzt die sonne

Sylvia BACHER

braunes wasser
strömt durch die gassen –
es schüttet noch immer

Eva Maria HOMOLA

Petra SELA - „Yguazú – großes Wasser"
Mischtechnik, Papiermaché auf BW, 175 x 60 cm

die knospen der
pfingstrosen – schon zu ostern
wollen sie aufbrechen

Petra SELA

Die erste Fliege
Ach wie sie der Kälte trotzt –
und schon nervt sie mich.

Stephan WEIXLER

Vorm Gletscherfragment
ruht geschundenes Geröll –
Da! - Ein Enzian

Hans Werner SOKOP

Zum Rhonegletscher
solange es ihn noch gibt
müssen wir hin

Christa Maria TILL

Schlauchbootfahrer
und ein hellrotes Dach
schräg in der Flut

Traude VERAN

Im September heiß
im Juli den Pullover
neue Normalität

Renate PHILAPITSCH-ASCHOBER

Kindergeplapper
durchzieht mit bunten Farben
das Novembergrau

Georges HARTMANN

nächste Generation
die Benimmregeln werden
neu definiert

Pitt BÜERKEN

vater öffnet den SUV
auf dem kindersitz
liegt ein handy

Petra SELA

will mir erklären
wie ein Computer funktioniert!
der Bub ...

Gabriele HARTMANN

ich reise zu dir
lächle dein Gesichtchen an
abends in Facebook

Traude VERAN

das Kind an der Hand
der Mutter lauscht am i-pad –
in die Pfütze springt's

Ingrid HOFFMANN

In Jeans mit Löchern
saust das Kind zur Schule
Oma schüttelt den Kopf

Herta DANZER

schulschluss
schnell einen burger essen
und ab zum roller-skating

Petra SELA

Haiga: *Mara REI* / Foto: *Petra SELA*

Mit drei Französisch
Mit vier Computerprogramm
Mit fünf Hata Yoga

Designerbaby
Elternwünsche quellen hervor
Produkt geliefert

beide *Christa Maria TILL*

Home Schooling
der Meerschweinchenkäfig
bekommt Vorrang

Paul DINTER

Petra SELA

Kinder in der „dritten" Welt 2020

neu-delhi
wie ameisen emsige kinder
auf der müllhalde

vorm feuer geflüchtet
sitzend am straßenrand
weinende kinder

von früh bis spät
das kind am webstuhl
die familie wartet aufs geld

der bub in honduras
wieder nichts zu essen
sniefen

die kinder ausgezogen
stille kehrt ein im haus
selbstgespräche

Christa MEISSNER

der Vater küsst die
Kinder innig – im Vorraum
der große Koffer

Ingrid HOFFMANN

ROSMARINDUFT

DIE AUGEN DER SCHWESTERN
VOM GLEICHEN BLAU

Gabriele HARTMANN

schnell hin
zum alten Hof –
Maikätzchen

Claus HANSSON

im Spiegel ... langsam
wird dein Gesicht zu meinem –
wo blieb nur die Zeit

Eva JOAN

Gartenbewässerung
ein Junge erklärt dem Vater
seine Regenbogenfarben

Deborah KARL-BRANDT

eins mit der welt
verbunden mit likes
allein zuhaus'

Hans EGERER

Ausgespielt –
schon im Kindergarten
höher, schneller, weiter

Sabina PTASCHEK

Sichtbare Kälte
Die Kinder spielen
Zigarettenrauchen

Wolfgang RÖDIG

kinderspiel

kennt nicht jahre und zeiten
...krieg und frieden...

Haiga: *Sylva BACHER* / Foto: *Elfriede HANAK*

NACHRUF auf ruth weiss

In der Lotosblüte 2019 habe ich ruth weiss porträtiert (S. 60ff.), diese vielseitige Künstlerin, die mit ihren Jazz-Poetry-Performances um die Mitte des 20. Jahrhunderts eine eigene Kunstrichtung begründete. Die „Göttin der Beat-Generation" hat sich auch viel mit dem Haiku beschäftigt und es gern zu Grafiken in der Art von Haiga gestaltet.

ruth weiss' umfassendes und spartenübergreifendes Werk, das von Filmen bis zu lyrischen Tagebucheinträgen reicht, wird nicht zuletzt aus ihrem Ankämpfen gegen jede einschränkende Ordnungsmacht gespeist, das sie auch in der konsequenten Kleinschreibung ihres Namens ausdrückt.

In Wien geboren und aus Wien vertrieben, hielt die in Kalifornien Lebende bis ins hohe Alter den Kontakt zu unserer Stadt aufrecht.

ruth weiss ist am 30. Juli 2020 kurz nach Vollendung ihres 92. Lebensjahres verstorben.

Traude VERAN

tiefe sonne
mein gegenüber
ausgeblendet

Sylvia BACHER

Osterputz
da ist noch
ein Hemd von ihm

Traude VERAN

Vertrautheit
füllt den Raum
der uns trennt

Eva JOAN

Streit
liebevoll klebt er
die Vase

Friedrich WINZER

als sich das Mondlicht
in ihrem Nasenring brach
wurde er mutlos

Georges HARTMANN

Phantomschmerz
du berührst mich
nicht mehr

Stefanie BUCIFAL

Kranichrufe
er sagt, er geht
Zigaretten holen

im täglichen Krieg
beugt er ein Knie und nennt mich
Jeanne d'Arc

so lege ich den Harnisch ab
und helf' ihm aufzustehen

beide *Gabriele HARTMANN*

Auf dem Winterweg
in Erinnerungen an dich
meine Fußspuren

sind lange schon
zu deinen geworden

Claudia BREFELD

Herbstfreuden –
endlich dein Name
auf meinem Türschild

Sabina PTASCHEK

mon petite amie
das Unbehagen, meine Liebe
klein zu machen

Maya DANEVA

Radiomusik
Unser Lied platzt zwischen uns
in die Funkstille

Wolfgang RÖDIG

Die kahlen Bäume.
Sie kann jetzt wieder sehen,
was der Nachbar tut.

Moritz Wulf LANGE

Sonnenuntergang
am Meer mit den Enkeln
„gleich zischt's …"

Regina Franziska FISCHER

Foto Copyright: Rike / pixelio.de

kinderlachen ist
wie ein heller sonnenstrahl –
im november-tief

Christa MEISSNER

überhäuft mit Geschenken
die Kinder allein
spielen am Handy

Mara REI

Isolierstation
an der Sichtscheibe
seine kleine Hand

Claudia BREFELD

Im Telefonbuch
Mamas Nummer –
noch immer

Heidelore RAAB

Besuch bei Mutter –
hinter einer Glaswand
einander zuwinken

Ingrid HOFFMANN

eingehängt gehen,
sie mit Stock er mit dem
Blindenabzeichen

Herta DANZER

Haushaltsauflösung
Mutters alte Dessous
in der Tüte

Deborah KARL-BRANDT

Migrantenströme
tief hängende Wolken
schneller unterwegs

Klaus-Dieter WIRTH

In Neumondnächten
saß ich im Bambuswäldchen,
sehnte mich nach Dir.

Unten, am Grunde des Sees,
da weinte der bleiche Mond.

Franz HINTERREITER

Mittsommertage -—
endlich hat sie ja gesagt
nichts mehr wie früher

Josef SCHAUR

nicht ein teil von mir;
aber wenn du nicht da bist
fehlt ein stück von uns

Mario FREINGRUBER

Das rote Strumpfband –
Tausend Wünsche in einer
verträumten Stunde.

An der Bar verblassen sie
im Qualm der Zigaretten

Josef SCHAUR

Arm in Arm –
unwillkürlich
im Gleichschritt.

Reinhard DELLBRÜGGE

nur ein one-night-stand;
aber die erinnerung hält
ein leben lang

laung unta da erd;
auwa ihre rosn blian
imma wida scheh

beide *Mario FREINGRUBER*

BLINDDATE

SIE RUNZELT
DIE STIRN

Gabriele HARTMANN

HAIBUN

bzw. vom HAIBUN inspirierte Texte

Traude VERAN

Hunger

Über ein Jahr schon bauen sie an dem Haus gegenüber, vom Fenster aus schaue ich zu. Heute der Lkw einer Gärtnerei. Bäume! Blumen! Ich atme auf. Wie lang habe ich doch kein Grün mehr gesehen: Ich bin alt und konnte im Winter nicht ausgehen; dann war Corona; jetzt bin ich schon zu schwach, um den nächsten Park zu erreichen.

Blumen! Ich meine ihren Duft zu atmen, ihre Kühle zu spüren. Aus der geradlinigen, weißgrauen Baustelle wird bald ein buntes, lebendiges Quartier!

Da beginnen sie auszuladen: Steinplatten.

Wege. Viereckig. Hellgrau.

Ich schließe das Fenster.

Businessanzüge
auf den Wegen
keine Frösche

Georges HARTMANN

Allenthalben ein Fabelwesen

Einmal mehr zergrübele ich mir das Gehirn über dieses Leben, das jeder von uns trotz aller Beziehungen auf seiner eigenen Bahn absolviert, von der ich nicht weiß, ob sie vorgegeben, zufällig oder selbst bestimmt ist. Sind wir eine Ausgeburt energetischer Phänomene und am Ende nicht real, sondern eine virtuelle Erscheinung auf einem Bildschirm, der im Andromedanebel von einem Wesen beäugt wird, in dem wir als Kenner von Grimms Märchen allenthalben ein Fabelwesen erkennen würden?

>>>

Sind wir auf einer anderen Ebene eingeschlafen und träumen für die Dauer einer dort verpennten Nacht diesen manchmal schwer verdaulichen Gefühlscocktail, um dann dort kurz vor acht zerschlagen aufzuwachen und irgendeiner phantastischen Arbeit nachzugehen, die auf einer weiteren Ebene ebenfalls die Ausgeburt eines Tänzchens ist, weil sich ein winziges Atömchen zu einem Quantensprung hat hinreißen lassen?

Die einzige Chance, nicht verrückt zu werden, ist die Möglichkeit, die eigene Person als grotesk anzuerkennen und sich ob dieser Feststellung lauthals ins Fäustchen zu lachen.

das Kerzlein knistert
und erreicht gleich mein Niveau:
abgebrannt und aus

Gabriele HARTMANN

Rollenspiele

Hamsterkäufe ... Früher waren alle Fächer voll. Nun blickt man jenseits der Regale in suchende Augen. An der Kasse hält kaum einer den gebotenen Abstand ein. Ein älterer Herr versucht mit EC-Karte zu zahlen, schafft es nicht, die PIN einzugeben. Umständlich klaubt er zuletzt einen endlosen Strom Münzen aus seinem Portemonnaie. Eine Mutter vertröstet ihre wutheulende Zweijährige, während ein größeres Töchterchen den Griff des Einkaufswagens ableckt. Die Kassiererin wischt nach jedem Zahlungsvorgang die Tastatur des Kartenlesegerätes mit einem Desinfektionstuch ab. „Bleiben Sie gesund", sagen wir zum Abschied. Überrascht schaut sie uns nach. Auf dem Parkplatz unterhalten sich Leute in kleinen Gruppen. Unser Einkaufswagen rollt gegen ein fremdes Auto. Delle. Der Besitzer lacht und winkt ab.

Prioritäten-
Verschiebung ... wir spielen Mensch
ärgere dich nicht

Ingrid HOFFMANN

Meine kurze Reise ans Ende der Stadt

Alle Reisen und kulturellen Veranstaltungen auf Wochen gestrichen, Flughäfen dicht gemacht, Grenzen geschlossen. Ich koche viel.

Die Straßen zugeparkt, kein Mausloch frei. Ich steig aus, nehm die Kühltasche, vollgepackt mit essfertigen Gerichten, und mach mich auf den Weg.

Der erste Kontakt seit 14 Tagen. Ich trete durch die Tür und sag, nicht erschrecken. Mutter sieht mich unverwandt an, wie ich dasteh mit Handschuhen und Mundschutz. Die Heimhilfen kommen 3 x täglich – mit Handschuhen, aber ohne Mundschutz.

Die Brille beginnt jetzt anzulaufen. Nachdem ich das Essen im Tiefkühler verstaut habe, geh ich mit dem Staubsauger durch alle Zimmer, putze WC, Bad und Küche. Die Bedienerin kommt derzeit nicht. Der Pensionistenclub hat geschlossen, die Frisörin, der Fußpfleger auch. Mein Bruder kommt nicht mehr jeden Tag, weil er auch schon über 70 ist und seine Tochter die Besorgungen übernommen hat.

Mutter feiert heuer ihren 97. Geburtstag. Sie spricht mit den Blumen. Die Orchideen im schattigen Bad, der Weihnachtskaktus – eigentlich Osterkaktus – im sonnigen Schlafzimmer. Immer wieder sag ich zu Mutter, Komm mir nicht zu nah, und mache abwehrende Bewegungen mit den Händen. Sie ist schwerhörig. Und fast blind.

Ich versteh es ja, sagt sie tapfer, aber die Tränen in ihren Augen sagen etwas anderes.

Ich schick ihr Handküsse und eine Umarmung andeutend. Wir telefonieren – jeden Tag, hörst du? Sie nickt und wartet jetzt schon auf den morgigen Anruf.

einsam daheim
Corona unter uns – nur
der Wind in den Gassen

Herta DANZER

Zeitreise

Schon im Zug manch eigentümlich gekleidete Passagiere. In Eggenburg selbst die Atmosphäre des Mittelalters. Nicht nur viele Standln, sondern auch viele Vorführungen am Hauptplatz: das Bäckerschupfen, die Fahnenschwinger, Modeschau, die 4 Schandgesellen mit hässlichen Masken spielten auf, ein Fanfarenzug mit vielen Teilnehmern usw. Ritter in Kettenhemden und holde Maiden in den immer mehr frequentierten Gassen.

Irgendwann möchte man doch aus dem Trubel heraus.

Pitschnass taucht er aus
dem Brunnen auf, die Gaffer
sind froh, trocken zu sein.

Foto Copyright: Herta DANZER

Petra SELA

Bei dreißig Grad im Schatten

Bei sengender Hitze vom Favoritner Verteilerkreis Richtung Graz. Die Autobahn entlang vorbei am Shoppingcenter Vösendorf, Abfahrt Mödling, Baden, Wr. Neustadt ... liegen gelassen.

moderne autos
haben klimaanlagen
nur nicht aussteigen

Semmeringtunnel − früher mit Vaters Beiwagenmotorrad noch Serpentinen über den Berg vorbei an historischen Hotels − Denken an das große Werk Ritter von Ghegas'. Die Dampflock noch. In Zeiten des Jugendstils auf den Terassen unter Sonnenschirmen Dichter, Maler Denker ... Heute Treffpunkt der Lyriker und seit einigen Jahren der Theatermacher.

Zurück zur Straße, es dauert noch länger bis Murau. Ohne Aufenthalt geht das nicht. Nicht nur mein Hündchen muss gewisse Dinge verrichten. Gestank der Autos, des glühend heißen Blechs. Irgendwie ein flaues Gefühl in der Magengegend.

Endlich angekommen. Alte Häuser, zum Teil renoviert, an beiden Ufern des Flusses. In einem davon unser Quartier, etwas muffig trotz Modernisierung. Ich öffne das Fenster. Das Geräusch des laut tösenden Flusses dringt ins Zimmer. Drei Tage Kopfweh erwarten mich.

auf die frauenalm
bei 30 grad im schatten
wo ist der almdudler?

Petra SELA

Grammeschmoizbrot

Mit der U4 von Wien/Oper nach Heiligenstadt. Der Bus nach Klosterneuburg hält beim Kahlenberger Dörfl. In der Sommerhitze, obwohl kurz, ein beschwerlicher Weg bergauf. Ein Heuriger wie damals im „alten Wien" - mit einfachen Holzbänken unterm Nuss- oder Kastanienbaum, mit Blick auf die Weingärten am Hang des Leopoldberges. Unten der „Jachthafen" von Klosterneuburg, in Grinzing die Nobelheurigen mit Sesseln statt Bänken und Besuchern aus der „gehobenen Gesellschaft". Kein Grammeschmoizbrot, sondern Rostbeaf mit Schwarzwurzelsalat auf dem Teller.

Im Kahlenberger Dörfl der Klang von Schrammelmusik*, der Geruch von Schweinsbraten und ausgelassenem Speck.

„Der Wein, den muass ma beißn" ...

Ein Wienerlied gibt den Takt an.

ein harmonikaspieler
bedankt sich fürs trinkgeld
gedanken an vater**

* Die Schrammelmusik (1878 gegründet) wurde nach den Wiener Musikern, Geigern und Komponisten Johann und Josef Schrammel benannt. Typische Besetzungen sind: Zwei Geigen, Kontragitarre, Klarinette (meist G-Klarinette, auch „picksüßes Hölzl" genannt), später ersetzt durch die Knopfharmonika (Schrammelharmonika). (Quelle Wikipedia)
** Mein Vater war nebenberuflich Musiker und spielte neben Klavier, Saxophon und Klarinette auch Harmonika.

Johannes MARGREITER

(befasst sich zum ersten Mal mit der japanischen Dichtung)

Hanami

Siehe da, ging es ihr durch den Kopf, schon wieder ein Jahr vergangen. Turbulent war es nicht gewesen. Irene hätte auf der Stelle einige abenteuerliche Jahresläufe nennen können. 1990 fiel ihr ein. Das bei ihr, ihrer Familie und ihren Freunden als "Hamburg-Jahr" vermerkt war. Es gab aber auch schöne Erlebnisse.

Das Kirschblütenfest (Hanami) gehörte ganz sicher dazu. "Wohin müssen wir fahren", fragte sie ihren Mann. "Irgendwo auf die Donauinsel", entgegnete Hubert, der sich etwas übel gelaunt durch den dichten Verkehr am Gürtel plagte. Hin in Richtung Kirschblütenfest.
Auf der anderen Seite der Donau angelangt, mußte Irene noch einmal die Einladung mit Adresse und Wegbeschreibung aus ihrer Tasche holen. Endlich, nach mehreren fehlgeschlagenen Orientierungsversuchen, landeten sie auf dem Parkplatz nahe der Festwiese.
In der Ferne konnten sie Fahnen, Zelte und zahlreiche Menschengruppen ausmachen. Huberts Laune begann sich rasch und spürbar zu bessern.

die für Wiener
fremde Kultur zu erleben
trotz heftigem Wind

Im Zuge des Millenniums (996–1996) der Nennung des Namens Österreich stifteten japanische Partnergemeinden von Wiener Bezirken der Stadt Wien 1000 Kirschbäume. Dabei wurde im Bezirk Floridsdorf auf der Donauinsel bei der Jedleseer Brücke ein KIRSCHENHAIN angelegt.
Ab 2002 findet dort in Anlehnung an das japanische Kirschblütenfest ein jährliches Kirschenhainfest statt. Die Veranstalter sind die Künstlergruppe „to the woods", das Forstamt der Stadt Wien und die Japanische Botschaft in Wien.

Susanne MOSER-PATUZZI
(*befasst sich erst seit kurzem mit der japanischen Dichtung*)

Auf dem Weg zum Teich

Der Feldweg trocken. Wo sonst tiefe Lacken die Radfahrer einbremsen, fliegt jetzt der Staub. Vögel kontrollieren, ob der Bauer seine Ernte vollständig eingebracht hat.

> Zu schwarzen Krähen
> gesell'n sich weiße Möwen
> Zweckgemeinschaft

Am gelben Grenzstein hat der Marder sein Geschäft verrichtet. Deutlich sichtbar: die Kornelkirschen sind reif. Nachtigall und Pirol kümmert das nicht, längst sind sie aus den Hecken verschwunden. Der Liguster trägt grüne Beeren.

> Schlehen sind schon blau
> Hagebutten erröten
> das Geschrei der Krähen

Ein Radfahrer in buntem Dress jagt vorbei. Er hat es eilig, doch der Geruch seines Waschmittels bleibt am Weg hängen. Schon glitzert das Wasser durch das Blattwerk und man hört empörtes Quietschen. Die Blässhühner streiten – wie immer. Um die Kurve, vorbei am Kriecherlbaum, keine gelben Früchte mehr. Dafür die ersten gelben Blätter. Der Wind in den Weiden. Dann: der Teich.

Johannes MARGREITER

Themenstellung von Petra:

"Verbindung Malerei – Haiku"

Das Haiku verdichtet einen im Jetzt wahrgenommen Eindruck auf siebzehn Silben. Drei Zeilen, siebzehn Silben. Diese Worte des Professors drängten sich in meinen Gedankenfluss, während ich die Goldfische im Teich beobachtete.

der große Rote
vertreibt den kleinen Gelben
Ente quert den Teich

Schauen und nicht denken kommt mir in den Sinn. Das hören meine Zeichenschüler immer wieder von mir.

Kinder zeichnen, was sie kennen. Sie wissen, wie ein Haus aussieht. Wie es auszusehen hat, könnte man denken. Schon wieder denken.

Schauen und sich im Hier und Jetzt orten. Das bestimmt die Realität.

Realismus in der Malerei ist nur mit genauer Beobachtung erreichbar. Das Haiku ist bei aller Poesie ein realistisches Gedicht.

Interessanter Gedanke.

Beschwingt verlasse ich den Park und fahre nach Hause.

Denken beflügelt
schauen zügelt den Künstler
die Welt ist so schön

Prof. Johannes Margreiter ist mit Leib und Seele ein Kreativer – ein Gestalter.
Von Kindheit an war ihm klar, dass sein Lebensweg durch Kreativität bestimmt sein würde.
Der aus Kundl stammende Hannes Margreiter übersiedelte 1974 nach Wien, um die Kunstakademie zu besuchen. Schon sein Studium der Kunstgeschichte, an der Hochschule für angewandte Kunst und der Akademie der bildenden Künste bei Prof. Max Weiler verläuft eher autodidaktisch. Seit 1980 arbeitet er erfolgreich als freischaffender Künstler, sprich Maler, Porträtist, Illustrator.
Sein Motto: „Kunst ist so wichtig wie das tägliche Brot".

Jagoda LESSEL

„Spuren und Wege", Acryl 140 x 100 cm

Foto: Natascha Auenhammer

Inge NIEL
(*befasst sich zum ersten Mal mit der japanischen Dichtung*)

Ausflug zum Muckenkogel

Treffen mit Freundin. Abfahrt mit dem Auto. Frühstück unterwegs mit Kaffee und Kipferl. Das Hotel Glockenturm. Ein Glockenturm. Ein Garten. Viel Holz. Eine versperrte Eingangstür. Eine Putzfrau in Sichtweite. Ein Wirtshaus nebenan. Zum Sessellift ist es nicht weit. Das Stift Lilienfeld wirkt sehr imposant. Viel Natur entspannt die Augen. Alter Sessellift. Asphaltierter Weg. Forststraße. Schöne Blicke. Weitsicht. Sonnenschein und blauer Himmel. Die Hütte ist zu sehen. Angekommen. Gute Stimmung. Würstel mit Saft. Himbeerwasser. Der Rückweg wartet. Endlich über Wiesen und durch den Wald. Der Sessellift fährt natürlich auch bergab.

Hotel Glockenturm
Turm mit Glocke wunderbar
Stille in der Nacht

Tempelbesuch in Japan

Unterwegs in Japan. Mit dem Zug in ein kleines Städtchen in den Bergen. Wo werden wir nächtigen? Kein freies Zimmer im Ryokan. Es ist noch zeitig. Ein Rundweg mit Tempeln. Da ist schon der erste Tempel. Ein Mönch am Eingang. Wir dürfen hinein. Aber nur ganz kurz. Es ist eine Familienfeier angesagt. Die Stimmung ist heilig. Der Mönch beobachtet uns. Die Familie kommt. Wir wollen gehen. Aber: Die Familie lädt uns ein, zu Tee und Süßigkeiten. Viele freundliche Familienmitglieder. Viele Verbeugungen. Später verlassen wir den Tempel. Besondere Eindrücke bleiben. Es geht weiter. Eine hügelige Straße. Tempel. Sonne. Natur. Wie beglückend. Ein weiteres besonderes Erlebnis an diesem Tag wartet auf uns. Ein Tempel bietet Futons zur Übernachtung an. Das ist für uns bestimmt.

Viele Tempel am Weg
Wohin führt uns der Himmel?
Bald kommt die Nacht.

© Foto: Inge NIEL

Susanne MOSER-PATUZZI

Themenstellung von Petra:

Shopping mit meinen Töchtern

Noch einen tiefen Atemzug, bevor wir durch die automatischen Türen ins Donauzentrum schreiten. Stop! Die Mama braucht jetzt schon eine Stärkung beim Anker. Nach Kaffee und Ribisltascherl fädeln wir uns in die Menschenmenge und treiben in ihr bis zur Rolltreppe in den ersten Stock. Unser Ziel: der Nike-Shop.
Lange und kurze Sporthosen sowie Leiberln, Tops genannt, werden dringend benötigt. Zum Glück ist alles in ausreichenden Mengen und unterschiedlichen Farben und Mustern vorhanden. Sonst würde die eine der anderen was „nachmachen". Wo kämen wir da hin!

Ich stehe abwechselnd auf dem rechten und auf dem linken Bein, während die Mädels Sachen anprobieren. Zu groß – ich soll was in XS holen. Leise vor mich hin grummelnd, irre ich im Geschäft herum. Wo war noch der Ständer mit den gelben Tops?

Endlich passt alles. Jetzt noch zum Regal mit den Sonderangeboten. Das Leiberl hier vielleicht? Nein! Das ist viel zu weit, da verheddert man sich. Mama!

An der Kasse die Brieftasche zücken. Oh. So viel hab ich nicht eingesteckt. „Ich zahl mit Bankomat, bitte!"

Weiter geht's. Jetzt brauchen wir Schuhe. Da ist ein Schuhgeschäft. Nein! Da gibt's solche Schuhe nicht. Wir müssen auf die andere Seite vom DoZi! (So wird das Donauzentrum von den Kindern genannt). Seufzend schlängle ich mich hinter den beiden durch die Menge, versuche, das Raumparfüm und die Musik zu ignorieren. „Zwangs-Beaasung" nennt mein Mann sowas. Ich glaub, ich krieg gleich Kopfweh.

Plötzlich ein Aufschrei: „Mama! Schau!" Die Ältere hat was gesehen.

Inmitten des Lärms
ein Schatz im Schaufenster
was hat sie entdeckt?

Mara REI

Malkurs in Tirol

Diese unerträgliche Hitze, aber schon seit Tagen sind sie fleißig, die Malschüler. Sie reisen auf ihren Bildern in verschiedene Landschaften oder versuchen sich im Neuen.

Hannes, der Kursleiter, ist stets mit seinem Wissen zur Seite und gibt Tips und Tricks gerne weiter. Jedenfalls der Farbkreis, Perspektive und das richtige Waschen der Pinsel müssen jedes Mal von neuem gelehrt werden.
Die Mittagsglocken läuten, wir gehen ins nahe gelegene Gasthaus. Fröhliches Diskutieren über entstandene Werke findet stets als Vorspeise statt.

Die Leinwand noch leer
Farben und Freude gemischt
spannende Tage

Die Vernissage als Höhepunkt soll die Bilder der Teilnehmer präsentieren. Außen am legendären Stoffelhäusl, einem alten Holzhaus, in dem Bergknappen wohnten, werden die Stellen der alten Nägel gesucht oder neue ins Holz geschlagen. Endlich hängen alle Bilder und sind beschildert. Am Abend leuchten die Farben ganz anders. Bis spät in die Nacht hinein sind gut gelaunte Stimmen zu hören.

Die Stimmzettel
sind abgegeben
wer wird Sieger?

INTERNATIONALER WELTFRAUENTAG

8. MÄRZ 2020

CLAUDIA BREFELD:

schneebedeckte Kriegsgräber –
zwei alte Frauen
stützen sich

geschminkte Augen ...
atemlos
hinter der Burka

Mutters Tagebuch –
in Gedanken mit ihr
durch die Nebeltage

TRAUDE VERAN:

schwangere Kopftuchfrau
stehend in der Bim
die andern sitzen

auf dem Bauerntisch
ein Schachbrett – vertieft ins Spiel
zwei kleine Mädchen

der Freundin
das geflochtene Band
in den Sarg legen

CONNY HONDT:

Ölverschmierte Latzhose
in der Tasche
roter Lippenstift

PETRA SELA:

auf dem zeichenblatt
eine tulpe mit stacheln
die mutter freut sich

vom balkon her
das geräusch einer bohrmaschine
die nachbarin!

sie hat die suppe
und salate gemacht
grillen darf nur er

im wirtshaus die
frauenrunde – die männer am
nebentisch freut's nicht mehr

an der graffitiwand
beim donaukanal lebt sie weiter
UTE BOCK

UTE BOCK (* 27. Juni 1942 in Linz; † 19. Jänner 2018 in Wien) war eine österreichische Erzieherin, Flüchtlingshelferin und Menschenrechtsaktivistin. Sie wurde
durch ihren Einsatz für Asylwerber und Flüchtlinge bekannt, die sie mit dem in
Wien beheimateten Verein *Flüchtlingsprojekt Ute Bock* mit Wohnraum, Kleidung,
Kursen und der Vermittlung von juristischer und medizinischer Hilfe unterstützte.

CORONA

Ausbruch der Coronavirus-Krankheit (COVID 19)
in Österreich Ende Februar / Anfang März 2020

in Quarantäne
wo die Narzissen blühn
ein blinder Fleck

Gabriele HARTMANN

Übern Zaun hinweg
virtuelle Küsse.
Es wuchert der Hanf.

Eva KITTELMANN

Menschenleerer Strand
jetzt kann man wieder
die Delphine sehen

Herta DANZER

Passion 2020
unterm Mikroskop
die Dornenkrone

Insekt auf der Hand –
in Zeiten von Corona
DIE Fremdberührung

beide *Rüdiger JUNG*

Schreckensstarre.
Ein Mann ohne Maske
hat die Bank betreten.

Reinhard DELLBRÜGGE

ein Jahr Regen ein Jahr Sturm
und dies Jahr Corona
ach Kirschblütenfest!

Traude VERAN

wie gleichgepolte
driften wir auseinander
wenn wir uns begegnen

Sylvia BACHER

einsam daheim
Corona unter uns – nur
der Wind in den Gassen

Ingrid HOFFMANN

das Smiley
auf ihrer Maske
ich muss lächeln

Pitt BÜERKEN

Corona-Virus
teuflisch; der Corona-Vir
Dante* höllisch gut.

Hans Werner SOKOP

* Mit Petrarca und Boccaccio die „Tre Corone di Firenze"

Weggeflogen
ins Fantasiereiseland
ohne Mundschutz

Christa MARIA TILL

Wie der Rotklee sprießt
In Zeiten von Corona
Balkonien now.

Heimo LÖBLER

Nur Stille im Park
Kirschblüten auf der Schaukel
– Wo sind die Kinder

Christa BAUMGARTNER

Nicht nur das *Wort*
Corona
kennt keine Grenzen

Mara REI

Verwaister Spielplatz –
zwischen Rutsche und Schaukel
tanzen Falter

Heidelore RAAB

Sie tragen Masken
rufen laut „Abstand halten"
meine Enkelinnen

Renate PHILOPITSCH-ASCHOBER

vom 1. stock hängt ein korb
die nachbarn schicken
das sonntagsschnitzel

Petra SELA

Maskierte Bastler –
die Einkaufswagenschlange
vor einem Baumarkt

Walter MATHOIS

ausgangsbeschränkung;
nur die tauben bevölkern
straßen und plätze

Mario FREINGRUBER

du ich wir
verstreute Kiesel die einander
nicht berühren

Stefanie BUCIFAL

Mütze und Schutzmaske
Studenten versuchen
mein Alter zu raten

Maya DANEVA

Osterspaziergang
Der alte Witwer
mit seinem Schatten

Wolfgang RÖDIG

Taubm am Spüüblozz
jezz kennen s' in Ruë
ois zuascheißn

da Strossnkeara
hod an Lenz – no nii
woa sei Rejon so sauba

beide *Traude VERAN*

Boid haumma
a neiche Zeitrechnung –
n.C. noch Corona

Wieda voil sans
de Heislpapierregale
im Supamoakt

beide *Paul DINTER*

Haiga und Foto: *Sylvia BACHER*

EINE AUSWAHL WEITERER EINSENDUNGEN

zwischen den zweigen
die leere füllt sich mit grün
die vögel
im frühlingsregen – sitzen
noch unterm dach

Sylvia BACHER

die Trennlinie
zwischen mir und dem Wald löst
sich auf – da fällt ein Schuss

Auf dem See knattern
Motorboote – Musik zum
azurblauen Himmel

beide *Gerty EDERER*

Regenbogenfarben
Auf der Wäscheleine
Es tankt die Biene

Constance Maria GEIGER

Im Möwenschrei sucht
dich, zu Gast am Meer,
weiß umrauscht die Stille heim.

Joachim Gunter HAMMER

schweigend Nachtlaub
im Widerschein der Stadt
hell die Wolken

Traude VERAN

Haiku für Hillary

In ihrer Wohnung
klebt sie Rosen an die Wand
schon blüht Poesie

Daniela BEUREN

Vergissmeinnicht
ich pflanze
den Wunsch in die Erde

Stefanie BUCIFAL

Einsiedlerklause
hoch am Küstenhang
ein Schwalbenruf

Claus HANSSON

Träume im Sommer,
im Weizenfeld verloren,
keimende Samen,

im nächsten Jahr Ährengold,
wo ich sie wieder finde.

Franz HINTERREITER

Die Blumen im Park.
Niemand ist unterwegs, um
sie zu bewundern.

Moritz Wulf LANGE

Schüttel die letzten
Flocken aus dem Gefieder –
Die Schwalben sind da!

Stephan WEIXLER

im warten auf
den anderen
verlieren

Hans EGERER

Zartbitter
der Geruch des anderen
in deinem Haar

Sabina PTASCHEK

von meinen schultern herab
begrüßt ein engel, ein kind,
den tag und die welt

dunst über der stadt –
da hilft nur rauchverbot
für alles was qualmt

beide *Theo SCHMICH*

Blaulicht im Baum
die Feuerwehr entfernt
ein Wespennest

Walter MATHOIS

Die band
auf der Bank im Warteraum –
like birds on a wire. *

Reinhard DELLBRÜGGE

* *like a bird on a wire*, Song von Leonard Cohen

Beendet der Bau
ein Schwimmbecken
für Kaulquappen
Paul DINTER

Foto: Paul Dinter

Linde der Kindheit
sich anlehnen mit Blick
aufs Holz der Flößer

Drogen-Portions-Tütchen
und eine Zahnspange
hinter der Mauer

vom Winde verweht *
auf dem Heckraddampfer
Blick auf New Orleans

alle drei: *Regina Franziska FISCHER*

* *Roman von Margaret Mitchell (den vermutlich jeder kennt)*

Knospende Sonne
drängt auch den Mann im Anzug
ohne Schuh' ins Gras.

Stephan WEIXLER

Kindergarten
Küken picken sich ihren Weg
ins Leben

Klaus-Dieter WIRTH

der Buddha aus Stein
unter dem alten Kirschbaum
in voller Blüte

Gabriele HARTMANN

Ich kann nicht anders
Nur einer Blüte wegen
geh ich durch den Regen

Marillenblüten
im Teehaus brennt noch das Licht
auf die Schnapsnasen

beide *Josef SCHAUR*

November. Zwischen
gelben Blättern des Kirschbaums
erklingt die Amsel.

Joachim Gunter HAMMER

Sylvia BACHER

Mitfahrgelegenheit (Haibun)

Der Flohmarkt ist zu Ende, die Ware wieder im Auto verstaut. Ein warmer Frühlingstag – ich öffne das Fenster auf der Beifahrerseite, bereit zur Abfahrt.

Als ich einsteige, traue ich meinen Augen nicht – sitzt da auf dem Armaturenbrett ein flaumiger junger Spatz. Die Aufregung ist ihm anzumerken.

Jetzt heißt es rasch handeln, ehe er sich an den Glasscheiben verletzt. Also beide vorderen Autotüren weit aufgemacht ... und den Kleinen nur nicht anfassen. Als ich, beruhigend auf ihn einredend, mich ihm nähere, flattert er auf, kurz an die Windschutzscheibe, und, von dieser abgeprallt, erwischt er die richtige Kurve – nach draußen.

zu weit hinaus

gelehnt – absturz

in die freiheit

Foto: Sylva BACHER

Traude VERAN: Kirschblütenfest

So viele Kirschblütenorte in dieser westlichen Großstadt! Jedes Jahr in einem andren Garten Haiku lesen, unter reichem Baldachin, einmal japanpink, einmal europaweit.

Jedes Mal das Thema Kirschblüte, da kann einem schon der Stoff ausgehen. O ja, jedes Jahr neues Entzücken, aber jedes Jahr neue Haiku? Diesmal fühlt sich das Thema erschöpft an. Und man hat ja auch noch anderes zu dichten. Also wieder einmal die alten Texte. Warum nicht?

der Frosch
zum tausendsten Mal
platsch

Petra SELA

Amsel-Lieder

die erste lilienblüte
ein amsellied heißt sie
willkommen

leerer spielplatz
leerer weg – nur die amsel singt
im holunderstrauch

ein kleines patzerl
auf dem manuskript
besuch des amseljungen

vom nachbargarten
ein plätschern
das morgenbad der amsel

in der hand mutters parte
auf der wange tränen
ein amsellied

WEITERE TEXTE DES SEMINARS 2020

SUSANNE MOSER-PATUZZI

(beschäftigt sich erst seit kurzem mit der Haiku-Dichtung)

Der Mond ganz blass
die Tauben klatschen Beifall
schlafende Autos

Nachdem ich gelernt habe, dass im Haiku Tauben nicht klatschen und Autos nicht
schlafen können, ändere ich ab (und werde vermutlich noch öfter ändern)

Autos noch geparkt
klatschende Taubenflügel
der Mond verblasst

Zum Stichwort: Paris

Oh là là, Paris
die Seine erinnert mich doch
nur an die Donau

Zum Foto: vermooste Bank am Waldrand

Der Lärm vom Verkehr
nur mehr ein fernes Echo
Freitagnachmittag

Zum Foto: Zehen schauen aus der Bettdecke hervor

der Morgen so hell
unter die Bettdecke zieht
der Duft von Kaffee

HERTA DANZER

Zum Foto: verschiedenfarbige Wollknäuel

die Fäden gespannt
im Korb bunte Wollknäuel
Wo ist der Weber?

Zum Foto: Mädchen schaut aus dem Fenster einer Hütte

in Hüttennähe
der Wasserfall – wo ist der
kleine Bruder?

Zum Foto: Trommeln

nach dem Konzert klingt
das Sitar- und Tablaspiel
noch lang im Ohr.

Entwichen der Geist
aus der Flasche,
grimmig der
Blick
des Wächters.

alle Haiga und Foto: Herta DANZER

MARA REI

zu Foto: Hochhäuser

Nur keine Platzangst
Menschen in der Großstadt
am Dach ein Swimmingpool

zu Foto: Zwetschken mit Raureif bedeckt

Reif auf den Zwetschken
im Geist schon der Kuchen –
Wer wird ihn backen?

Zu folgendem Foto, von Inge Niel aufgenommen:

in zitternden Händen
der geflochtene Reiskorb
bleibt leer

Am staubigen Straßenrand
schicken Mönche
Gebete zum Himmel

Glückskekse
ein schmaler Papierstreifen
zaubert Lächeln hervor

erste Version:

Die Eule aus Ton
steht in der Blumenwiese
der Hund besucht sie

zweite Version:

in der Blumenwiese
eine Eule aus Ton
der Hund sucht sie auf

JOHANNES MARGREITER
(Schrieb das erste Mal Haiku! Er ist kein Autor, sondern Maler.)

große Kugel im Gras
Steine halten ihr Gewicht
wie kommt sie hierher

Flamingo aus Blech
umgeben von Grün
der Stofftiger schaut weg

Bild: Foto vom Peregrini Platz in Pernersdorf

die leere Bank
vor der grellweißen Wand
Geselligkeit lange nicht mehr

Zum Stichwort „bergab"
(Ich wählte das Foto vom Jungen mit Helm am Fahrrad)

bergab geht der Ritt
den Kopf schützt ein fester Helm
wo ist nur mein Freund?

PETRA SELA

Zum Foto: bemooste Bank

die zeit der liebe
wo ist sie geblieben
mein herz bemoost

Foto: Griechische Ansichtskartenidylle mit Meer und Kirche

blick aufs türkisblaue
meer – ins kloster nur
mit rock und kopftuch

Zum Foto: Käfer kriecht ein Blatt hoch

der käfer auf dem
blatt wie reinhold messner
im himalaya

Zum Foto: Kinder am Spielplatz

kinder bauen fleißig
sandkuchen – die mütter
tauschen rezepte aus

Zum Stichwort „Koffer"

ohne Koffer und Rucksack
zog er fort – der himmel
da und dort

DAS ABSCHLUSS-RENGA DES SEMINARS

letzte Sommertage
nicht der Sprung ins Wasser
sondern ins Haiku   Petra Sela

es rauchen schon die Köpfe
Blätter sind voll geschrieben   Mara Rei

der Morgen verflogen
Gedanken formen sich neu
das Blatt ist noch leer   Johannes Margreiter

vielleicht tut jetzt ein Kaffee gut
und Kuchen gibt es auch   Inge Niel

Schon wieder geht es
ums Essen, wann hört das auf?
Bis jetzt nicht geschafft.   Herta Danzer

Reichlich Nahrung für den Geist
die Ernte kann beginnen.   Susanne Moser-Patuzzi

Foto © Janine Grab-Bolliger / pixelio.de

HAIGA
zu Fotos

Das Frühstücksmahl
meine Hände als Sanduhr
das Ei ist gekocht

Christa Maria TILL

der briefkasten voll
schon wieder
ein runder geburtstag

Petra SELA

Sengende Sonne
kaum noch Halt finden
die Sandburgen

Paul DINTER

wie sie vergehen
die Jahre – dein Wort von einst
es gilt noch immer

Gabriele HARTMANN

im Malstrom der Zeit
lauert der nächste Urknall
mit neuem Konzept

Georges HARTMANN

zwischen den händen
rieselt feiner sand –
der brunnen trocken

Christa MEISSNER

Sommerhitze
ein Möwenschrei
verlässt den Hafen ...

Claudia BREFELD

aloe vera öl
im badewasser
nicht eselsmilch

Petra SELA

Foto © Wilfried Giesers/ pixelio.de

zwei Schiffsirenen
halten im Nichts des Nebels
Verbindung zur Welt

Georges HARTMANN

Die Händler warten
ohne Fang fährt der Kutter
in den Hafen ein

Paul DINTER

so viele schwämme,
wo gibt's die heute noch?
plastik schwämmt an

Christa MEISSNER

den urlaub
umdisponiert – sommerspaß
in der badewanne

Sylvia BACHER

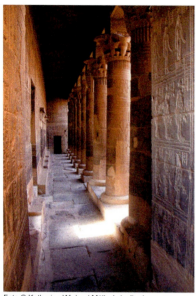

in der kühle
und altem gemäuer
die vergangenheit riechen

Petra SELA

Wege zum Licht
im Klosterhof der Geruch
von Gebeten

Gabriele HARTMANN

mein Gang
durch Licht und Kühle
Gedanken ordnen

Claudia BREFELD

Im Säulenschatten
ein erleuchteter Mensch
in tiefer Andacht

Paul DINTER

Ein Weg und ein Ziel –
Mächtige Säulen tragen
hoch über dir ein Dach

Rosemarie SCHULAK

Urlaubsabschied
zwischen dir und mir
Marimba-Klänge

Claudia BREFELD

Marimba, marimba
es kribbelt in den Beinen,
los, auf zum Tanz

Christa Maria TILL

Foto © Hans-Dieter Buchmann / pixelio.de

Keine Touristen
die Straßen gefüllt mit
Marimba Klängen

Paul DINTER

lateinamerika
am reumannplatz
auch auf CD

Petra SELA

Tonia KOS

Installation in Kyoto / Japan

Univ.-Doz.[in] Dr.[in] MMag.[a] Hisaki HASHI

zum Jubiläum der Österreichischen Haiku Gesellschaft 2020

DIE BEDEUTUNG DES HAIKU IN DER GEGENWART

Die anhaltende Corona-Pandemie scheint die richtige Zeit zur Neuorientierung der Haiku-Freunde auf der ganzen Welt zu sein. Der Stress durch dichte Termine und durch Zunahme von Informationen in immer kürzeren Abständen, die Integration der Artificial Intelligence in das Leben der heutigen Gesellschaft – ein derartiger Druck ist durch die Covid-19 Pandemie teilweise weggefallen. Der Mensch schien lediglich ein Bestandteil des IT-Netzwerkes zu sein und davon abhängig. Die Hoffnung lag in der „Annäherung zum göttlichen Wesen mit Nutzung aller Funktionen sämtlicher Computer samt allen Artificial Intelligences auf der ganzen Erde". Die menschliche Existenz wurde durch das SARS-CoV-2 Virus in ihren Grundfesten erschüttert.
Gefragt sind nunmehr:

1. ein gesunder Atemzug,
2. die Befindlichkeit des leiblichen Daseins in der Umwelt und
3. Beteiligung des Bewusstseins a.d. gegenwärtigen Problematik, usw.

All das sind die Grundbedingungen eines guten Haiku: Damit bietet sich das Haiku als *Vorlage zur Gestaltung eines humanen Lebens* an. IT-Netzwerke samt der vorangehenden AI dienen nun dem Leben des Menschen als Individuum und Mitglied der Gesellschaft und nicht umgekehrt.

Leuchtende Wahrheit im Alltag –
Transzendenz in der Weltimmanenz

Dennoch steht das Faktum fest: Das soziale Leben durch persönliche Kontakte mit physischer Präsenz ist reduziert. Scheinbar gewinnt man durch Teleworking im Homeoffice „mehr Zeit"; doch tatsächlich verbringt man mehr Zeit am Computer mit aller Artificial Intelligences. Administratives Arbeiten in stetiger Verbindung mit gutem Verhältnis zum sozialen Umfeld braucht viel mehr Aufwand und nervliche Anstrengung: Jedes Anliegen soll exakt, prägnant und komprimiert ausgearbeitet werden. Soziales Leben und Individualität, das Private und das Öffentliche sind nicht mehr dualistisch getrennt, sondern das eine steht mit dem anderen innerhalb eines engen Zeitraums in Interaktion: Eine **leuchtende Wahrheit in ihrer ewigen Transzendenz** ist nicht von der empirischen Sphäre der Lebenswelt getrennt, sondern sie ist zum Erleben und Aufgreifen **mitten im Leben der Weltimmanenz** aktuell geworden.

Im Letztgenannten zeigt sich das Merkmal des Haiku als ureigene Dichtkunst: Die Essenz eines Haiku ist zu „konzipieren, wenn der Gegenstand (des Themas) mitten in der (realen) Welt aufleuchtet, worin dessen Licht noch nicht entschwindet." (Bashō)

Vermittlung einer meta-physischen Wahrheit durch Haiku

Ein qualifiziertes Haiku wird unter Verzicht auf die Subjektivität des Autors/der Autorin geschaffen. Bleibt jedoch die Subjektivität, bildet sie eine Dominanz der Ichheit des Autors/der Autorin, wodurch die Universalität der prägnanten Wahrheit eines Haiku verloren geht: Erzielt wird dadurch ein Mikrokosmos von 5-7-5-Silben, worin eine universell-kosmische Wahrheit in komprimierter Weise dargestellt wird. Formell ist ein Haiku mikrokosmisch, inhaltlich hat es jedoch eine **meta-physische Wahrheit zu vermitteln.**

Beitrag der Haiku-Ästhetik zur gegenwärtigen Welt

Die Originalität der Haiku-Ästhetik hat kurz ausgedrückt folgende Prinzipien:

α) **Vorlage der Grundbedingung zum Gestalten eines humanen Lebens**

β) **leuchtende Wahrheit in ihrer ewigen Transzendenz mitten in einer Weltimmanenz**

γ) **Vermittlung einer meta-physischen Wahrheit in einer komprimierten Art**

Unter den Corona Bedingungen bildet das Prinzip α) den **Widerstand gegen die Pandemie;** das Prinzip β) eine **Integration der ewigen Wahrheit in die Lebenswelt;** das Prinzip γ) eine **vermittelnde Tätigkeit der transzendenten Wahrheit auf die Weltimmanenz.** Gibt es keine solche, geht die Umgebung in einer bloßen physikalisch materiellen Welt der Pandemie unter. Dagegen wirkt sich das Schaffen von Haiku als eine heilsame Tätigkeit aus. Das Haiku ist somit eine Wegmarke zum einsichtsvollen Leben.

Nachklang von Mensch und Natur –
eine unbegrenzte Quelle der Dichtung

Zum Ausklang dieses Kurzreferates darf ich meine jüngste Komposition als eine Hymne zum Jubiläum der Österreichischen Haiku-Gesellschaft am Klavier darbieten:

A Lake in Twilight

(Ein See im Abendsonnenschein). Es geht um wenige Augenblicke in der Naturlandschaft am See, in denen sich das Abendsonnenlicht, von Sekunde zu Sekunde verändert, in verschiedenen Farben im Seewasser widerspiegelt: Von glänzendem dunklen Orange ins leuchtende Grün, davon ins momentane Violett, seine allmähliche Veränderung ins tiefe Blau – wobei ein frischer Wind unzählige Farben, lebendig wie leuchtende Kristalle, am Wasserspiegel aufscheinen lässt.

Vom Entstehen der ersten Widerspiegelung bis hin zum letzten Aufleuchten fließen die einzelnen Welten ineinander. Die dynamische Modulation deutet die Entstehung des Windes und der Wasserwellen an, wodurch die Harmonie von Wasser und Abendsonnenschein von dieser einen Szene zu einer weiteren wechselt.

HASHI Hisaki

Univ.-Doz.[in], Dr. et Mag. [a] philosophie, Mag.[a] artium, geboren in Tokyo / Japan, entstammt einer künstlerisch-wissenschaftlichen Familie. Sie unterrichtet am Institut für Philosophie der Universität Wien. Themenschwerpunkte: Philosophie der Kyoto-Schule, Komparative Philosophie von Ost und West (Ästhetik, Erkenntnistheorie, Anthropoliogie, Ontologie u.a.) Zahlreiche Preise und Buchveröffentlichungen.

TRAUDE VERAN

Hototogisu

hototogisu ist keine nachtigall
und umgekehrt
wir übersetzen mit krückstöcken
stolpern lässt
uns der boshafte engel der wörterbücher
gleich
welche kostüme wir unseren zungen auch
anlegen

H.C. Artmann stößt in diesem Gedicht einen lyrischen Seufzer über die Schwierigkeiten der Übersetzung von Poesie aus.

Hototogisu, der Gackel- oder Rötelkuckuck, ist ein eher kleiner, unscheinbarer Vogel, der in Europa nicht vorkommt, jedoch in China und Japan häufig anzutreffen ist. Sein Gesang hält Tag und Nacht an und gilt als „leidenschaftlich", was ihm schon früh den Eintritt in die Welt der japanischen Poesie eröffnete.

Uns ist der Name *Hototogisu* vor allem von der gleichnamigen japanischen Haiku-Zeitschrift bekannt, die 1897 von *Masaoka Shiki* gegründet wurde und deren Hauptziel die Förderung des Haiku ist, die aber auch auch Naturbeschreibungen und Prosaliteratur veröffentlicht. Sie wird von der *Hototogisu KG (gōshi-gaisha hototogisu)* herausgegeben.

Um den Namen dieses Kuckucks ranken sich einige mehr oder weniger mythische Geschichten:

Es sei ein böses Vorzeichen, wenn man auf dem Abort den Ruf des Gackelkuckucks hört. Dieser Aberglaube kommt aus China, wo der Gackelkuckuck schon seit etwa 400 vor unserer Zeitrechnung ein beliebtes literarisches Sujet war.

Der Titel der Zeitschrift gehe darauf zurück, dass Shiki sich selbst mit dem Vogel verglich. Das Pseudonym *Shiki* des Begründers der modernen japanischen Haikudichtung ist tatsächlich ein weiterer Name für diesen Kuckuck.

Beim Singen strecke der Vogel seine rote Zunge heraus, was Shiki an seinen Bluthusten erinnert habe.

Heute ist *Hototogisu* zur literarischen Metapher für die ernsthafte Auseinandersetzung mit dem Haiku geworden, wie zuletzt in dem Buch *Der Ruf des Hototogisu* von Klaus Dieter Wirth.

LITERATUR

Gackelkuckuck: Wikipedia

Hototogisu ist keine Nachtigall. *Traditionelle japanische Gedichtformen in der deutschsprachigen Lyrik (1849–1999)*. Autor / Hrsg.: Andreas Wittbrodt. V&Runipress GmbH, Göttingen 2005

Pastior, Oskar: *die schulden und die wonnen*. Werkausgabe Bd. 5. Nr. 11 aus *Vier Scharniere mit Zunge, Renshi Kettendichtung* von Artmann, Makoto Ooka, Oskar Pastior und Shuntaro Tanikawa. Hanser Verlag, München 2018, S. 158

Sela, Petra: *Masaoka Shiki, Begründer der neuen Haikudichtung*. Lotosblüte 2019, S. 39

Wirth, Klaus-Dieter: *Der Ruf des Hototogisu. Grundbausteine des Haiku. Teil I.* Allitera Verlag, München 2019

Bild: Utagawa Hiroshike, Gackelkuckuck 1830

Zum Blauglockenbaum (Paulownia) im Stadtpark,
Treffpunkt für Ingeborg Bachmann und Paul Celan

..., aber mein Geliebter sagt: Sei ganz ruhig, denk an den Stadtpark,
denk an das Blatt, denk an den Garten in Wien, an unseren Baum,
die Paulownia blüht.

Bachmann Ingeborg:
Malina. Suhrkamp, p. 203. Frankfurt am Main 1971

Foto und Text: Sylvia BACHER

SYLVIA BACHER

Aus dem Briefwechsel mit den Rückmeldungen zum Buch
AFRIKU – Vienna meets Africa – Haiku

Heike Gewi (9.6.2019)
Buch ist eben angekommen. Große Freude bei mir. Endlich wieder was Gutes zum Lesen. ... und das beigeschlossene Bild.

Brigitte ten Brink (9.6.2019)
Gestern war Birgit Lockheimer zu Besuch bei mir. Ich habe ihr das Afriku-Buch gezeigt und sie war sehr angetan und beeindruckt. (Anm.: Birgit Lockheimer ist Mitglied der DHG.)

Ich denke solche Projekte sind sehr wichtig, weil der Normalbürger doch über die normalen Nachrichten bzw. Medien ein recht einseitiges Afrikabild vermittelt bekommt. Es sind hauptsächlich Katastrophen- und Kriegsbilder, die gezeigt werden, Bilder von Hunger, Elend und Armut, Bilder von Menschen, die keinen Zugang zu einem Leben haben, in dem Körper und Geist vernünftig ernährt werden können. Die andere Seite, die gebildete, intellektuelle und kulturelle Szene, wie sie z. B. im Afriku-Buch oder auch auf der Webseite *africahaikunetwork.wordpress.com/downloads/* zu sehen ist, sind doch weitgehend unbekannt.

16.6.2019:
Man sieht den Fotos (Anm.: auf Sylvia Bachers Homepage) die Freude bei der Präsentation an.

Und das Afriku-Buch ist ein Kleinod. Besonders interessant ist, dass es neben einigen Haiku, die speziell afrikanische Themen behandeln, so etwas wie ein universelles Haiku-Gedankengut gibt, das Dinge oder Ereignisse beschreibt, die (fast) überall auf der Welt stattfinden können, wie z B. das Haiku von Sarra Masmoudi auf S. 75 „trockenes laub / ich trete auf drei monate / sonne". Und das Haiku „New Yam Erntedankfest ... / ein Maskierter grüßt uns / mit Vaters Stimme" von Barnabas I. Adeleke auf S. 114, das von Traude Veran besprochen wird, erinnert mich an ein ähnliches Erlebnis wie das von ihr beschriebene. Bei einer Nikolausfeier im Kindergarten hatten wir einen Kindergartenvater als Nikolaus engagiert. Eines der Kinder stellte fest: „Mein Vater hat auch solche Schuhe wie der Nikolaus."

Die Besprechungen sind auch ein sehr schöner Bestandteil des Buches, ebenso die Afrika-Haiku der ÖHG-Mitglieder – und alles auch auf Englisch und Französisch und hin und wieder auch im heimatlichen Dialekt!

Isabelle Prondzynski (19.6.2019)
Das ist eine fabelhafte Sammlung – Ihr habt viel und lange daran gearbeitet und man erkennt die Mühe, die Ihr Euch gemacht habt. Ich bin sehr dankbar, dass Du auch unsere Haiku Clubs damit beschenkst.
Ich werde mit viel Interesse all das lesen, was Ihr mit so viel Engagement gesammelt und übersetzt habt. Alle Achtung! Es ist ein schönes Buch geworden. Die Bücher für die Clubs werde ich bei der nächsten Kukai verteilen, ... **James Bundi** hat mir schon bestätigt, dass sein Exemplar angekommen ist, und er ist total begeistert.

Hier ein Link zu Isabelle Prondzynskis Fotos des Kukai am 16. März 2019 in der katholischen Kirche von Soweto, die dieses eindrucksvolle Treffen der Haiku-Autoren anschaulich vermitteln: *https://www.flickr.com/photos/prondis_in_kenya/albums/72157713230391188*

Sarra Masmoudi (28.5.2019)
Félicitations pour la sortie du livre. Ravie d'y être.
J'ai vu les photos. Elles sont magnifiques. Quelle classe avec votre tenue bleue à fleurs! Anm.: bezieht sich auf das Buch-Cover
J'ai hâte de tenir le livre entre les mains.

25.01.2020:
Merci beaucoup de votre message!
Oui j'ai bien reçu le livre le 19 Juin 2019. J'ai crû vous avoir répondu aussitôt mais à ma grande surprise je viens de me rendre compte que mon email n'a pas été envoyé et je l'ai retrouvé dans les brouillons.

Le voici d'ailleurs. Il est daté du 20 Juin 2019:
J'ai reçu hier le livre. Je l'ai déjà parcouru en entier. Quel bel ouvrage fond et forme. Je trouve qu'il illustre bien l'Afrique dans sa grande diversité culturelle. Bravo pour vos magnifiques introductions et commentaires. Merci pour mes quatre haïkus. Je trouve le commentaire superbe.

J'ai d'ailleurs fait la promotion du livre dans le groupe de haïku francophone „Un Haïku Par Jour" qui compte près de 3000 membres et j'ai eu beaucoup de retour élogieux, ainsi que sur ma page Facebook.

Patrick Wafula (8.7.2019)
I would like to convey my immeasurable gratitude for the precious gift you sent to me: the Afriku Book! This is a permanent monument in the recognition and promotion of Haiku in Africa. God bless you and keep the tremendous work up!

Stephanie Cupido (2.8.2019)
Great news, I received my book! It's so beautiful, thank you for all your hard work and dedication towards this. The book turned out amazing well done.

I also had a look on your website and saw the pictures of the launch of the Afriku book. It looked like fun and I wished I was there.

Stefs Blog: I am so grateful to be published in this Haiku book! Giving my African echo to ancient traditional Japanese poetry! I'm extremely gratefull To be published alongside Doctors of literature and philosophy is an honor.
I only took one shot amarula, clean without milk then shared the rest. It was meant as a tribute to the Haiku.

Barnabas I. Adeleke (5.8.2019)
The book has arrived! I'm so much pleased to be counted worthy as a contributor to this wonder project. It is a book I'll always treasure.
My sincere thanks to you and the Austrian Haiku Society.

Sylvia Bacher (6.8.2019)
Hi, Barnabas, I am glad, that the book has reached you (after two months!).
Your thanks I will forward to our editorial board. And I have to thank you
once more for your compliance.
I recommended your chapbook (*Too small for meat*) also to my friend of
the German Haiku Society. She was very impressed and so she made a
review for the next *Sommergras* (quarterly journal of the Society). After its
release in September I will send you a copy.

Barnabas (10.8.2019)
Wow! That's great! I am grateful for the honour of a review of my chapbook. I look forward to reading it. A big thanks to you, Dr. Sylvia, for the
recommendation. I'm eternally grateful!

10.12.2019:
The beautiful journal was delivered yesterday. I am extremely grateful. I've
begun to translate the review into English using translation softwares.
God bless you greatly for this huge favour, Dr Sylvia. And please extend my
appreciate to Brigitte ten Brink. (Anm.: ten Brink, Brigitte: Too Small For Meat.
Rezension in: Sommergras. Vierteljahresschrift der Deutschen Haiku-Gesellschaft
e.V. Sept.2019 – Nr. 126, p.91 ff.)

Alexander Opicho (6.8.2019)
I got the book and very thankful,
I am delighted. Thank you.

Nerisha Kemraj (21.8.2019)
Thank you! I've received my copy.
Thank you for the link, it was
enjoyable to see the pictures   >>>
(Anm.: auf Sylvia Bachers Homepage)

Caleb Mutua (26.8.2019)
Thanks again for including my work
in your amazing haiku book and for
shipping it to me.

I took a while to get back to you because by the time the book was arriving
in NYC, I had changed addresses and I took a while for my old address to
forward it to me. I will take time and go through all the poems and send
you a more detailed feedback.

<u>Sylvia Bacher:</u>
Thank you for the confirmation of the book-arrival, it's reassuring for me. Isabelle told me, that you have moved, so I thought it would be the best to wait and see. I hope you will enjoy the contributions and I am looking forward to your feedback (not urgent, as the haiku should be digested slowly one by one).

<u>Caleb:</u>
Will do, thank you very much!

Abderrahim Bensaid (26.9.2019)
Depuis presque un mois, j'ai reçu le livre du haïku, *Afriku*, de votre association. J'en suis tellement fier et reconnaissant envers toi surtout et envers les membres de l'association autrichienne du haïku.

Maria Steyn (5.1.2020)
I would like to thank you from my heart for the beautiful copy of *Afriku – Vienna meets Africa – Haiku*.
It is a beautiful book and I am honoured to be part of this worthy publication. Thank you for your focus on the African continent, we have so many outstanding haiku poets who often do not receive the international recognition they deserve.

Diane Awerbuck (24.1.2020)
I did get the book and was very pleased with it. You're doing such good work.

Abdelkader Jamoussi (25.1.2020)
I received the book about Afriku and enjoyed it a lot. It is really good.

Stefan Lang (25.4.2020)
Schon der Bucheinband ist etwas Besonderes, er fühlt sich samtartig an und liegt gut in der Hand.
Den Inhalt mit den kurzen Biographien und den Haikus und den anderen Inhalten finde ich sehr interessant, ich habe mich davon inspirieren lassen, mein erstes Haiku zu dichten.
Am besten gefällt mir das folgende Haiku von Abdelkader Jamoussi:

Keramikkünstler
formt das Gefäß
und die Leere

Petra SELA

UTA bezeichnet ein Gedicht in der japanischen Waka-Tradition.
Es hat folgende Bedeutungen: Ballade, Gedicht, Gesang, Lied.

Ich hatte immer schon das Bedürfnis, Haiku zu singen und so
„komponierte" ich folgende Haiku:

Ingrid HOFFMANN

AONOGAHARA
Österreichische Kriegsgefangene in Japan 1914–1920

Das Haus der Geschichte im Museum NÖ zeigte gemeinsam mit der Universität Kobe und der Stadt Kasai eine Ausstellung über das Schicksal Österreichischer Kriegsgefangener während des Ersten Weltkriegs. Ein Projekt, als Beitrag zum Jubiläumsjahr **„150 Jahre österreichisch-japanische Beziehungen".**

Gleich nach Eröffnung besuchte ich die Ausstellung. Vom 29. November 2019 bis 13. März 2020 war diese in der Niederösterreichischen Landesbibliothek in St. Pölten zu sehen. Mit zahlreichen Exponaten wie Bildern, Plänen und Gemälden, Dokumenten, Postkarten und Texttafeln sowie mit persönlichen Utensilien der Gefangenen, die außerhalb Japans noch nie zu sehen waren, wurde der Hergang anschaulich dokumentiert.

Um zu verstehen, warum Österreichische Soldaten in Japanische Gefangenschaft gerieten, muss man das Rad der Geschichte etwas zurückdrehen:

Erzherzog Ferdinand unternahm vom Dezember 1892 bis Oktober 1893 eine Weltreise auf dem 1892 in Dienst gestellten Kreuzer SMS Kaiserin Elisabeth, dem damals modernsten Schiff der k.u.k. Kriegsmarine. Die wissenschaftliche Expedition sollte gleichzeitig der Heilung der Lungentuberkulose, an der der spätere Thronfolger litt, dienen. Er verfasste zahlreiche Tagebucheinträge auf dieser Reise. Besonders von der japanischen Kultur und den Gewändern war er sehr angetan, er ließ sich in ausgewählten Kleidungsstücken fotografieren. was die Ausstellung auch belegte.

1895 nahm das Schiff an der Eröffnung des Nord-Ost-Kanals in Kiel teil.

Nach einer Levantereise im östlichen Mittelmeer und des Nahen Ostens 1895/96 diente der Kreuzer 1899-1900 als Stationsschiff in Ostasien.

Dazu muss man wissen, dass nach einer langen Abschottung Chinas gegen äußere Einflüsse und dem Ersten Opiumkrieg (1839–1842) es den Großmächten durch „ungleiche Verträge" gelang, ihren wirtschaftlichen Einfluss im Reich der Mitte geltend zu machen. Sie unterhielten Handelszentren und Militärstützpunkte in Form von „Pacht- und Konzessionsgebieten".

1897 wurden zwei christliche Missionare ermordet. Das Deutsche Reich besetzte im Gegenzug die Bucht von Kiautschou und China musste 1898 ein 552 km² großes Gebiet für 99 Jahre verpachten (Deutsches Schutzgebiet Kiautschou = Jiaozhou mit der Hafenstadt Tsingtau = *Qingdao*. Festung und Handelszentrum).

Um sich dagegen und gegen die christliche Missionierung zu wehren, kam es **1900** zum sogenannten **Boxeraufstand**. Die aufständischen „BOXER" belagerten unter anderem die von Europäischen Großmächten, Russland, USA und Japan in Peking in unmittelbarer Nähe der Verbotenen Stadt errichteten Gesandtschaft. Die Allianz schlug jedoch den Aufstand nieder.

Jetzt kamen die Österreicher ins Spiel. Denn an dieser Allianz war auch Österreich-Ungarn beteiligt, das in der Hafenstadt Tientsin (*Tianjin*) ein 62 ha großes Pachtgebiet besaß. Der dort errichtete Handelsstützpunkt bestand bis zum Kriegseintritt Chinas 1917.

Am 2. September 1914 landeten japanische und britische Truppen auf dem chinesischen Festland, um das deutsche Pachtgebiet einzunehmen. Japan setzte dem Deutschen Reich ein Ultimatum zur Übergabe des Pachtgebietes. Die SMS Kaiserin Elisabeth befand sich zu Beginn des Ersten Weltkriegs im Hafen von Tsingtau. Österreich vermied den Kriegszustand mit Japan, in dem es den Kreuzer abrüstete und die Mannschaft nach Tientsin verlegte. Doch nach erfolgtem Befehl am 25. August 1914, an der Seite der Deutschen zu kämpfen, kehrte die Besatzung auf das Schiff zurück, machte es wieder kampffähig und nahm an der Verteidigung Tsingtaus gegen die japanisch-britische Übermacht teil. Am 2. November 1914 versenkte die Besatzung das Schiff nach dem letzten Schuss Munition. Die Kapitulation der Verteidiger erfolgte 5 Tage später.

Mit rund 4.700 Gefangenen gelangten so auch etwa 300 österr.-ungar. Soldaten in Gefangenschaft japanischer Streitkräfte. Da der Hafen von Tsingtau wegen Verminung nicht benutzbar war, mussten die Gefangenen einen neunstündigen 40-km-Marsch auf sich nehmen, um in Shat-si-kou in den Lagerräumen alter Frachtschiffe „wie Heringe gestaut" eingeschifft und nach Japan überführt zu werden. Die Überfahrt dauerte vier Tage.

Japan verfügte über keine Lager, daher wurden die Gefangenen zu diesem Zweck in umfunktionierten Tempelanlagen, öffentlichen Einrichtungen oder angemieteten privaten Gebäuden untergebracht. So entstanden 12 Lager. Da jedoch nicht mit baldigem Kriegsende zu rechnen war, beschloss Japan an sechs Orten neue Lager zu errichten. **Der größte Teil der Soldaten Österreich-Ungarns wurde in dem kleinen Ort AONOGAHARA, nahe der Stadt Kasai untergebracht.** Der damals kleine Ort ist heute Teil der Stadt.

Viele Soldaten kamen erstmals mit der Japanischen Kultur in Kontakt.

Das Lagerleben wurde in der Ausstellung gut bebildert und anhand persönlicher Gegenstände der Gefangenen dokumentiert: Der Alltag, vom Hühnerstall und Wäschewaschen bis zu Gesangsverein, Orchester, Theaterbühne und Sportklub. Die Kriegsgefangenen fertigten zum Zeitvertreib auch viele qualitativ hochwertige Handwerkserzeugnisse an. 1918 fand sogar eine „Deutsch-österr.-ungar. Kunst- und Gewerbeausstellung" statt, was bei der Bevölkerung auf großes Interesse stieß.

Als formelles Kriegsende betrachtete Japan erst den Abschluss der Friedensverträge im Sommer 1919. Der letzte Gefangene verließ Japan am 27. Jänner 1920, also vor 100 Jahren.

Am 29. Februar 1920 wurde das Lager Aonogahara geschlossen.

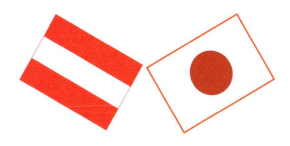

150 Jahre österreichisch-japanische Beziehungen

Daten und Details wurden dem die Ausstellung begleitenden Katalog entnommen.

Sylvia Bacher

Gottfried W. Stix
Siebzehn Silben Genügten

Diese Worte stammen aus dem folgenden Gedicht, das sich im Sparmodus auf ein Tanka reduzieren ließ:

es wurde sein schreibtisch
in ordnung gebracht ...

sparen hieß es auf einmal
und gut wars
siebzehn silben genügten

Gottfried W(olfgang) Stix (1911–2010), österreichischer Dichter und Literaturhistoriker, war der Sohn eines Juristen. Nach der Ausbildung in humanistischen Gymnasien in Wien, Kremsmünster und Linz legte er die Externisten-Matura am Gymnasium Klosterneuburg ab. Anschließend studierte er an der Universität Wien Leibeserziehung, Geografie, Geschichte und Romanistik und schloss das Studium mit einem Doktorat ab.

Durch Stipendien für Perugia und Rom konnte er seine italienischen Sprachkenntnisse vertiefen. 1940 wurde er Lektor für deutsche Sprache und Literatur an der Universität Catania in Sizilien. Während des Zweiten Weltkrieges war er als Dolmetscher für Italienisch in Belgien, Nordfrankreich, Apulien und Sizilien eingesetzt. 1943, nach der Befreiung Siziliens durch die Alliierten, nahm er zunächst seine Tätigkeit in Catania wieder auf und übersiedelte 1954 nach Rom, wo er sich habilitierte und an der staatlichen Universität La Sapienza den Lehrstuhl für Geschichte der österreichischen Literatur erhielt.

Neben seinen wissenschaftlichen Arbeiten zur österreichischen und deutschen Literatur verfasste er Essays über große Literaten, auch über Haiku-Autoren, wie Imma von Bodmershof und Alois Vogel, mit denen er in persönlichem Kontakt stand.

Nach über 50 Jahren in Italien lebte Stix ab 1985 in Wien, die Sommer verbrachte er in Südtirol. Zahlreiche Reisen führten ihn u. a. nach England,

Schweden, Griechenland, in die Türkei, nach Jugoslawien, Spanien, Portugal und die USA (Princeton, Cambridge).

Nach seiner beruflichen Laufbahn verlegte sich Stix auf das Schreiben von Gedichten, die u.a. in Zeitschriften und Anthologien veröffentlicht wurden.

Das Haiku entdeckte er durch die von Heinrich Tieck in „Ihr gelben Chrysanthemen" herausgegebenen Nachdichtungen japanischer Haiku von Anna von Rottauscher.

Groß war seine Freude, als nach einigen Haiku-Veröffentlichungen in der Literaturzeitschrift Podium Carl Heinz Kurz ein Haiku in seine Anthologie aufnahm:

> Ein Kind – es blieb stehn
> und hob sein Dreirad über
> den Ameisenpfad

Ein Haiku, das auf einer Beobachtung seines Sohnes Lußi beruht.

Gottfried W. Stix war einer der Wegbereiter des österreichischen Haiku. Er nahm häufig an den Treffen österreichischer Haiku-Autorinnen und -Autoren teil. Fanden die Treffen zunächst unter der Leitung von *Friedrich Heller*, später von *Isolde Schäfer* statt, so werden sie inzwischen seit vielen Jahren unter der Leitung von *Petra Sela*, die im Oktober 2010 die Österreichische Haiku Gesellschaft gründete, abgehalten.

G.W. Stix und P. Sela in der Wort+Bild Galerie, 1090 Wien,
wo einige Jahre die Haiku-Treffen stattgefunden haben.

Stix war von dieser lyrischen Kurzform so angetan, dass er in der Folge vier Bücher dem Haiku widmete. Die Perfektionierung der Sprache, die sorgfältige und passende Wortwahl für die Verse waren ihm ein Anliegen.

Dass Stix an seinen eigenen Haiku-Dichtungen gefeilt hat, kann man am folgenden Beispiel, ein Tanka und ein Haiku zum selben Thema, erkennen:

lehm immer wieder
und es dreht sich die scheibe
die finger formen
schöne strenge gefäße
an scherben denken sie nicht

lehm immer wieder
drehen unentwegt formen
tagaus und tagein

Ist es im Tanka noch weitschweifig ausgeführt, so findet im Haiku eine sprachliche Reduktion auf das Notwendigste statt und doch läuft das Drehen und Formen des Lehms unablässig über die drei Zeilen.

Sein Ringen um die Ausdrucksform formuliert Stix so:

aus dem satz streichen
kann ich jetzt nichts mehr
doch ist er deshalb schön

wieder nur ärger
sogar die silben
stehn mir heute im weg

In seinem Buch *Die gesuchte Mitte* (Kap. *Der lange Weg zum kurzen Gedicht*) schreibt Stix:

> Wir alle tragen ja Bilder in uns. Es sind persönliche, daher wichtige und für uns wertvolle Bilder. Viele stammen noch aus der Kindheit und Jugend, aus mancher Begegnung [...] und sie begleiten uns auf dem Weg, den wir lebenslang gehen. Die Bilder. Auf einmal waren sie da, waren im Gehen, Sehen und Schauen gekommen. Wir nahmen sie auf und vernahmen etwas darin, wenn wir bereit dazu waren.

> Natürlich bedarf es einer willentlichen, nicht traumhaft automatischen Vorwärtsbewegung, um ein solches Erlebnis in seinem Kern erfassen und endlich ihm Gestalt verleihen zu können, denn das Werden ist, wenn es ums Wort geht, besonders gefährdet [...] Die Arbeit ist oft hart, oft auch sehr zäh.

Stix bedient sich für seine Haiku konsequent der Kleinschreibung, die den Versen die Ruhe vermittelt, die sie an die Leser weitergeben sollen:

> einsam sein warten
> dinge anschaun bis einmal
> eines uns anspricht

Dieses Bestreben findet sich auch in den Überschriften zu den Kapiteln seines Buches *licht in den fenstern*:

> *Warten und anschauen*
>
> fünf sieben und fünf
> nicht mehr – behutsam zähl ich
> die tropfen ins glas

Auf Anraten einer Kritikerin, die ein Absetzen zwischen den Tropfen beim Einschenken nicht nachvollziehen konnte, änderte Stix sein Haiku:

> Eins zwei bis siebzehn
> nicht mehr – behutsam zähl ich
> die tropfen ins glas
>
> *Ein staunender Blick*
>
> im gras vor dem haus
> eine sommernacht lang nur
> sternschnuppen zählen
>
> *Voller Erwartung*
>
> schon eilt der schatten
> mir voraus aber der weg
> nach haus ist noch weit

Dieses Haiku steht auch auf seinem Partezettel. Keine übertriebene Eile ist hier zu spüren ...

Im Vorwort zu diesem Buch bewundert Stix die Schönheit, mit der Anna von Rottauscher die japanischen Verse wiedergegeben hat. Er bedauert aber, dass die traditionelle Anzahl der Silben abhanden gekommen war. Die Ansicht, die deutsche Sprache eigne sich nicht für diese, sah er in den Haiku Imma von Bodmershofs widerlegt, obwohl auch sie sich mit den siebzehn Silben mühte.

In dem Buch *zuerst die augen* finden sich Beispiele dafür, dass Stix sich zwar um die Einhaltung der Silbenanzahl bemühte, ihm ihre traditionelle Verteilung über die Zeilen aber nicht immer gelang.

> mit 17 jahren
> auf einer brücke
> das grüne wasser es rauscht
>   für christl

(Anm.: Christl, geb. Kripp, Stix' Frau)

Dieses Haiku erinnert mich an ein eigenes, welches ich im Gedenken an eine zu früh verstorbene Jugendfreundin geschrieben habe:

> dem fluss lauschen
> im rauschen des wassers
> die kindheit
>   für maria

In dem Haiku

> ahnst du aus wieviel
> teilen ein vergißmeinnicht
> auch wirklich besteht?

steht die Partikel auch als Unterstützung des Adverbs, eine doppelte Bekräftigung also und somit überflüssig, würden wir heute meinen.

In meinem Lieblingshaiku

> sie brachte den herbst
> mit nach haus und stellte ihn
> kunstvoll ins zimmer

bedient sich Stix der Metapher *Herbst* für Blumen oder Zweige dieser Jahreszeit und stellt damit auch gleich die Farben mit in den Raum. Die Zweiteilung des Haiku erfolgt hier in der Mitte der zweiten Zeile durch Verbindung von zwei Sätzen mittels der Konjunktion und.

Die Haiku scheinen Stix leicht und spielerisch zuzufliegen, sie sind voller Liebe für das, was Natur und Leben ihm Wunderbares oder Rätselhaftes bescheren.

Für seinen Freund Alois Vogel hat Stix das folgende Haiku geschrieben, das der Düsternis, die in den Haiku von Alois Vogel vorherrscht (siehe Lotosblüte 2019), den positiven Aspekt des Nutzens, den man selbst aus schlechten Erfahrungen oder Stimmungen ziehen kann, vermitteln soll.

du siehst nur stacheln
und ahnst gewiß nicht wie gut
der distelkern schmeckt
                    für Alois Vogel

Die folgenden Haiku offenbaren die unterschiedliche Weltsicht der beiden Autoren, bei deren Publikation Alois Vogel 45, Gottfried W. Stix 79 Jahre alt war:

Auf grauen Zeilen
schwarze Vögel: Noten von
Requiemmusik
(Vogel)

(*Siehe Kolumnenbeitrag in der Lotosblüte 2019, S. 71*)

singende masten-
die schwalben haben ihr lied
in noten gesetzt
(Stix)

Noch zwei sehr persönliche, berührende Texte – ein Tanka für seine Mutter:

zur mutter laufen
wenn gar kein ausweg mehr blieb
das konnt ich immer

jetzt ist sie hoffnungslos krank
besuche sind untersagt
(ende april 1986)

und ein Haiku, das sich in Aufbau und Wirkung in dem berühmten Meisn-Haiku von Gerhard Habarta wiederfindet:

deine stimme ach
sie war so kurz zu besuch
schreib lieber briefe

In: Ingo Cesaro, *Groschen gefallen*. Kronach 2000

Als Gottfried Stix 93 Jahre alt war, hat Traude VERAN, die gerade ihren 80. Geburtstag gefeiert hatte, für den Schriftsteller einige Haiku verfasst: *„Die Texte waren ein erster Versuch, mich mit der Erlebniswelt eines hochbetagten Menschen auseinanderzusetzen".*

keine Dispute
nimm meine Hände
in deine

Lindenblütenduft –
wer wird im nächsten Winter
die Amseln füttern

die Hyazinthe
verblüht – ihre Knolle
heb ich nicht mehr auf

länger die Tage
noch einmal ist mir das Licht
der Hoffnung vergönnt

Traude VERAN

Diese vier Haiku habe ich ausgewählt, es sind Haiku des Friedenschließens, der offenen Fragen, des Abschiednehmens, der Hoffnung...

Heuer am 24. September
jährte sich der Todestag von Gottfried W. Stix zum zehnten Mal.

Gottfried W. Stix und Alois Vogel bei der Podium-Veranstaltung zu Ernst Schönwieses 85. Geburtstag am 19.2.1990 in der Ateliergemeinschaft Wiplinger-Oman
(Foto: P. P. Wiplinger aus: 40 Jahre Podium)

https://www.podiumliteratur.at/die-zeitschrift/podium-nr-159-160-dokumentation-1970-2010/

VERWENDETE UNTERLAGEN:

Heller, Friedrich (Hrsg.): Das Haiku in Österreich. St. Georgs Presse, 1992

Kurz, Carl Heinz (Hrsg.): Das große Buch der Haiku-Dichtung. Im Graphikum, Göttingen 1990[2]

Schäfer, Isolde (Hrsg.): Erde. Jahreslese 2000 der österreichischen Haiku-Gruppe. St. Georgs Presse 2001

Schäfer, Isolde (Hrsg.): Feuer. Jahreslese 2001 der österreichischen Haiku-Gruppe. St. Georgs Presse 2002

Schäfer, Isolde (Hrsg.): Luft. Jahreslese 2002 der österreichischen Haiku-Gruppe. St. Georgs Presse 2003

Petra Sela: Nachruf auf Gottfried W. Stix. In: Literarisches Österreich 02, S.79. Österreichischer Schriftstellerverband, Wien 2010

Stix, Gottfried W.: Die gesuchte Mitte. Skizzen zur österreichischen Literatur- und Geistesgeschichte. Böhlau, Wien-Köln-Weimar 2006

Stix, Gottfried W.: licht in den fenstern. haiku – senryu – tanka. Wort und Welt, Thaur 1990

Stix, Gottfried W.: zuerst die augen. haiku-gedichte und andere strophen. Reihe „Lyrik heute", neunter Band. Wort und Welt, Thaur bei Innsbruck 1995

Stix, Gottfried W.: Ausgewählte Gedichte. Vorwort: Paul Wimmer. In: PODIUM Porträt Nr.2. Podium St. Pölten 2001

Stix, Gottfried W.: Im Licht von hundert brüchigen Jahren. Aufzeichnungen. Böhlau, Wien-Köln-Weimar 2004

LINKS:

https://de.wikipedia.org/wiki/Gottfried_W._Stix

http://deutschehaikugesellschaft.de/wp-content/uploads/2014/06/Web.Sommergras104.pdf

http://deutschehaikugesellschaft.de/wp-content/uploads/2014/09/web.Sommergras105.pdf

http://www.boehlau-verlag.com/978-3-205-77166-1.html

Peter Paul Wiplingers Freundschaft

mit Gottfried W. Stix

Der bekannte Lyriker und Fotograf Peter Paul Wiplinger hatte, ergänzend zu dem Kolumnen-Beitrag von mir, Sylvia Bacher, mit einem Portrait über den Haiku-Autor Alois Vogel dessen Bild in der *Lotosblüte* 2019 abgerundet.

Auch mit Gottfried W. Stix war er in Freundschaft verbunden, und so war es naheliegend, ihn wieder zu bitten, uns von seinen persönlichen Erinnerungen an den Haiku-Dichter zu erzählen:

Da gab es nicht nur Zusammenkünfte bei beruflichen und offiziellen Anlässen, wie Lesungen, Ausstellungen oder Geburtstagsfeiern, sondern viele private Telefonate, auch Spaziergänge. Es waren die persönlichen Gemeinsamkeiten, die zu einer Vertiefung der Freundschaft geführt hatten:

Wichtig war die lebendige Begegnung zwischen uns, die Herzlichkeit, die Freundschaft, unsere langen Telefonate; das Gefühl der Gemeinsamkeit, nicht nur was meine Heimat und seine Kindheitsheimat betrifft: das Obere Mühlviertel, konkret die Böhmerwald-Landschaft rund um Aigen, wo er, so wie ich, am Haagerberg Schi gefahren ist und in der Großen Mühl gebadet hat. Darüber haben wir oft geplaudert.

So hat mich der Friedl einmal gefragt: „No, fahren jetzt auch noch die Holzarbeiterburschen mit ihren Radln den steilen Haagerberg herunter und haben am Hinterreifen zwischen Radlkappe und Kotflügel einen Buschen Fichtenreisig zum Bremsen eingeklemmt?"

Auch über Rom und Przemyśl tauschten die Autoren Erinnerungen aus.

… Rom, das wir beide sehr lieben und wo der Friedl an die fünfzig Jahre Österreichische Literatur an der dortigen Universität gelehrt hat. Irgendwie hat es ihn nach Rom verschlagen. Vorher war er in den Abruzzen, hat sich dort versteckt; er war nämlich von der Deutschen Wehrmacht desertiert. „Ich wollte nicht mehr mitmachen bei der ganzen Nazig'schicht", hat er mir das einmal begründet. Mutig, dachte ich; und sympathisch noch dazu. Antimilitarist. Das verbindet uns auch.

In seinem Haus hatte Gottfried W. Stix ein Foto hängen, das ihn bei seiner Audienz mit Papst Johannes Paul II. (Karol Wojtyla) zeigte.

Und mit 90 fuhr er noch mit dem Auto von Wien nach Südtirol in einem Zug durch. „Nur in Brixen, in Bressanone – wie die Walschen sagen, trinke ich dann endlich einen Mokka", erzählte er. Jetzt würde der Friedl diesen Ausführungen womöglich ein „Fiducit!" anfügen. Aber ich mache das nicht. Denn ein bissl ein Unterschied muß schon sein, trotz aller Freundschaft. Der Friedl – ich bin mir sicher – würde mir zustimmend zunicken und lächeln.

Bei unserem Frage-Antwort-Spiel „Kannst Du Dich noch erinnern?" kamen wir natürlich immer wieder auf Aigen-Schlägl zu sprechen, einem Nachbarort meines Heimatortes Haslach im Mühlviertel.

Das Mühlviertel ist nämlich eine Landschaft, die den Menschen in ganz besonderer Weise prägt, so daß sich im Menschen etwas von der Landschaft widerspiegelt und wiederfindet. Das ist die Stille, das Schweigen, das Stillsein, die Liebe zum Leisen anstatt zum Lauten; dass man so leise ist, dass man den Wind hören kann, wenn er über die wogenden Felder und die Wipfel der Bäume streicht.

Peter Paul Wiplinger:
„Schriftstellerbegegnungen 1960-2010", Kitab-Verlag, Klagenfurt, 2010

PETER PAUL WIPLINGER – Wien, 15.5.2020

Gottfried W. STIX / Foto © Peter Paul Wiplinger

SYLVIA BACHER

HAJO UND GEORG JAPPE
ZWISCHEN PLUS UND MINUS

Hajo Jappe (1903–1988) wuchs in Hamburg auf. Er studierte Deutsch, Geschichte und Kunstgeschichte (in Hamburg, Tübingen, Halle, Köln) und arbeitete nach seiner Promotion zunächst als Hauslehrer, später als Assessor. Wegen „politischer Unzuverlässigkeit" bekam er erst 1939 eine Anstellung als Studienrat.

1941 zog er mit seiner Ehefrau Gioia Schubring, die er 1932 geheiratet hatte, und seinen vier Kindern nach Rom, wo er als Lektor zunächst an der Universität, ab 1944 am Goethe Institut lehrte. Es folgte die Flucht nach Südtirol, ab 1949 war er bis 1952 wieder in Rom, gab aber weiter Privatkurse in Südtirol. 1953 kehrte er nach Deutschland zurück und war bis zu seinem Ruhestand 1966 als Oberstudienrat am Gymnasium in Bad Godesberg tätig.

Hajo Jappe war mit Imma von Bodmershof und ihrem Mann Wilhelm lebenslang befreundet. In dem Buch *Unter acht Winden* stellte er einige ihrer Werke vor und verfasste ein Vorwort mit ausführlicher Analyse der getroffenen Auswahl. Abschließend ging er auch kurz auf ihr im selben Jahr erschienenes Buch *Haiku* ein. Der Weg der Dichterin zum Haiku hatte sich, seiner Auffassung nach, bereits angekündigt, so u.a. in dem Roman *Sieben Handvoll Salz: „...und was sind die Gefäße, die eine Giliola (sic) formt, anders als Haiku?"*

Ich darf dazu eine Stelle aus dem Roman zitieren: *„Er begann jetzt erst die Keramiken zu betrachten, und allmählich sprachen die einzelnen Formen Botschaften aus, fast so als wären es Briefe, die er von Giliola (sic) empfing."*

In *Löwenzahn* stellte Hajo Jappe die Haiku von Imma von Bodmershof aus dem Jahr 1962 (veröffentlicht bei Langen-Müller) den in diesem Buch „auf siebzehn Silben verkürzten" gegenüber, verglich sie und versah sie mit Kommentaren.

In der Editorischen Notiz zu den *Gesammelten Haiku* schrieb sein Sohn Georg Jappe, dass zwischen 1959 und 1982 sechs Folgen *Haiku* in Privatdruck erschienen waren: 1959, 1970,1976, die 4. Folge als Satzfahnen, die

5. Folge als Schreibmaschinen-Fotokopien. Die 6. Folge war in ihrer Aufmachung ähnlich den ersten drei Folgen, wobei in einem Heft die Jahreszahl 82/83 aufschien (das waren Hajo Jappes letzte Arbeiten).

Das von mir erworbene Büchlein *Haiku* ist ohne Jahreszahl und kein Privatdruck (siehe Verwendete Werke). Da darin aber die 1962 erschienene Ausgabe *Haiku* von Imma von Bodmershof erwähnt wird, muss es nach diesem Jahr herausgegeben worden sein.

Im Vorwort zu den aus dem Nachlass von Georg Jappe herausgegebenen *Gesammelten Haiku* zitiert Carl Heinz Kurz aus einem Brief Jappes:

> Es ist schade, dass die Haiku-Liebhaber so wenig voneinander wissen. Die Altmeisterin dieser Art, Imma von Bodmershof, und ihr verstorbener Gatte, der s. Zt. den vorzüglichen Aufsatz über das Haiku geschrieben hat, wird Ihnen gewiss bekannt sein. Kaum aber, daß nach den dort aufgestellten wegweisenden Angaben ein kleiner Kreis von Haijin sich bemüht um diese Kurzgedichte im Deutschen. Sie sind ja n i c h t damit geschaffen, daß wir uns, in zwangloser Zählung und in natürlicher Sprechweise, lediglich an die – uns eigentlich fremde – Silbenzählung 5/7/5/ halten, sondern daß, vom Bild ausgehend, nicht ein bloßes Gefühl oder ein Gedanke oder ein Eindruck skizziert wird – vielmehr muß in der Spannung <u>zweier Pole</u>, in der Bewegung von einem zum anderen hin, eine <u>Bedeutung</u>, eine Transzendenz aufleuchten, <u>die nicht ausgesprochen</u> wird (im Unterschied zum Epigramm, Aphorismus etc.). Ohne diese geheime Hintergründigkeit, die der Leser zu meditieren hat, ist ein solcher Dreizeiler flach, raum- und hintergrundlos, eben un-bedeutend – kein echtes Haiku ...

Carl Heinz Kurz nahm dies zum Anlass, im Jahre 1988, drei Wochen bevor Hajo Jappe verstarb, gemeinsam mit Margret Buerschaper die Deutsche Haiku Gesellschaft (DHG) zu gründen. Ihr zur Seite standen als weitere Gründungsmitglieder Mario Fitterer und Conrad Miesen. Georges Hartmann, der mit Erika Schwalm (1941–2005) maßgeblich am Zustandekommen beteiligt war, hat über die Entstehungsgeschichte einen kurzweiligen Beitrag für das *Sommergras, Nr. 121*, verfasst: *30 Jahre DHG. Auf dem Weg in eine Gesellschaft, die mir eine zweite Familie wurde.*

Die *Gesammelten Haiku* Hajo Jappes wurden, den Schaffensphasen entsprechend, vom Verleger in 6 Folgen gegliedert. Es sind fast durchwegs traditionelle siebzehnsilbige Verse (Haiku und andere Dreizeiler), wirken jedoch nicht starr und langweilig. Dazu einige Beispiele:

Nahm nicht der Töpfer
das Gefäß von der Scheibe?
Noch immer kreist sie.

Keine Traube mehr!
Am Stock dörren die Blätter
bis der Frost sie pflückt.

Neugierige Knospen!
Wollt ihr durchaus wissen, wie
der Winter aussieht?

Hagelweiß das Beet!
Ein Rand um jede Blume:
Sie atmen sich frei!

In die offne Hand
die den Vögeln Körner streut
fallen Schneeflocken

Eine Eidechse
schlüpft den Stamm hoch – erreicht sie
dort schon den Frühling?

Nicht immer gelang es Hajo Jappe, sich an die 17 Silben zu halten. Hier sind zwei Beispiele für Haiku mit 19 Silben:

Sturm riß den Ast ab
Nun verstreich ich des Stammes Wunde
gegen den Regen.

So achtlos zertritt
das Kind nun seine Sandburg
sieht nur ob der Papierdrachen steigt!

(Laut Georg Jappe war dieses Haiku in *Blätter für das Wort*, Heft XVI, Wien 1975 in leicht veränderter Form publiziert worden.)

und mit noch mehr Silben (21):

Die Kinder spannen das Seil:
flach, hoch, noch höher – wer's nicht über-
springt, der verfängt sich.

Georg Jappe beklagte in den Einleitungen zur 4. und auch zur 6. Folge mit den letzten Arbeiten von Hajo Jappe, dass durch die Überschwemmung des Westens, ja sogar Japans mit Haiku jeder auch noch so *unbedeutende sinnflache* Eindruck in der Natur *ohne Hintergrund und verschwiegen übergreifende Bedeutung* wiedergeben werde, dass das sture Zählen der Silben die Sprache *auf Kosten von Komposition und Versbau, Rhythmus und Melodie* vergewaltige und dass ein wesentliches Merkmal des Haiku, nämlich die *angedeutete Wendung in die Transzendenz* oftmals vermisst wird und die Haiku somit zu *bedeutungslosen Naturimpressionen* verkommen.

Er konnte sich sehr wohl vorstellen, dass das echte Haiku im deutschsprachigen Raum ohne Kigo auszukommen, aber dessen ungeachtet Naturverbundenheit auszudrücken vermag. Bei den Versen seines Vaters unterschied er Haiku und Haiku-ähnliche Kurzgedichte, die nicht immer alle Forderungen an ein Haiku, wie Naturbezug oder Kigo, erfüllten, 17-silbige Dreizeiler, die persönlicher, gefühlsbetonter, auch gedanklich belastet waren. Das Wort Senryu fällt noch nicht.

Hajo Jappe gab seine Sehnsucht nach der Natur und den Bergen in seinen Haiku weiter, aber er hatte erkannt, dass das Haiku offen zu sein hat für die Interpretationen und Sehnsüchte der Leser...

Durch Morgengrauen
flitzen Schwalben. Die ersten
Fenster öffnen sich.

Blau ist der Himmel
die Schwalben aber schwirren
in den Schächten der Straßen.

In diesem Gespräch
tropften Worte die mich noch
durstiger machen.

Vom Krankenbett aus
kann ich die Berge nicht sehn
schaue zum Himmel.

Hajo Jappes Sohn Georg (1936–2007) verbrachte seine Jugend in Südtirol, lebte dann in Köln, auch in Hamburg und verstarb in Kleve. Nach dem Gymnasium begann er ein Studium der Theaterwissenschaften und der Philosophie in Frankfurt, Paris und Wien, das er 1961 mit der Promotion abschloss. Von 1961 bis 1962 betätigte er sich als Hochschulreferent. Bis 2001 lehrte er als Professor für Ästhetik an der Hochschule für bildende

Künste Hamburg. 1962 nahm er beim WDR eine Beschäftigung als Hörspiel-Lektor an, daneben arbeitete er für verschiedene Zeitungen als freier Kunst- und Literaturkritiker.

1975 erhielt er die Lehrbefugnis für Kunst und Literatur an der Gesamthochschule in Essen sowie an der Hochschule für Bildende Künste in Hamburg, wo er 1979 zum Professor für Kunsttheorie ernannt wurde und bis 2001 unterrichtete.

Sein Werk umfasst Lyrik, visuelle und akustische Poesie, Essays und Landschaftsbücher, vieles davon in Zusammenarbeit mit der deutschen Künstlerin und Kunstpädagogin Lili Fischer. Seine visuellen Arbeiten wurden in zahlreichen Ausstellungen gezeigt.

Zum Haiku kam er bereits als Vierzehnjähriger, als Wilhelm von Bodmershof ihm Anna von Rottauschers *Gelbe Chrysanthemen* schenkte.

2005 veröffentlichte Georg Jappe *Aufenthalte. Ein Haibun* (Matto Vlg.). Dazu gibt es eine ausführliche Rezension von Mario Fitterer (1937–2009) in Sommergras 72.

Sein *Haikubuch* ist ein ungewöhnliches und spannendes Buch, das den Leser an seiner Entstehung, d.h. an den Schreibvorgängen des Autors teilhaben lässt. So sind Kopien von diversen Rechnungen, Fahrplanseiten, Zeitungsausschnitten etc., ja sogar von getrockneten Blättern wiedergegeben, auf denen Georg Jappe sein Haiku notiert hatte. Den gedruckten Haiku auf den geraden Seiten sind die handschriftlichen Kopien auf den ungeraden Seiten gegenübergestellt.

Auch bei dem *Haiku-Konvolut* seines *Handexemplars* sind den gedruckten 177 Haiku die korrespondierenden handschriftlichen gegenübergestellt und mit Überschrift (oder Stichwort?) in einem Inhaltsverzeichnis angeführt.

20 Vorzugsexemplare des *Haikubuch* (bei einer Auflage von 1000 Exemplaren) sind mit je einem Original versehen.
(*Anm.*: Meinem Exemplar liegt ein benutztes Pelikan-Kohlepapier bei).

Von Georg Jappes zwischenzeitlicher Tätigkeit als Vogelwart zeugen nicht nur viele Haiku, die Vögel zum Thema haben, sondern auch ein Index mit Auflistung der in den Haiku erwähnten Vögel.

Der Sumpfrohrsänger

Im Windbruch unter
der Einflugschneise
in dutzend Sprachen spottend

Die Sumpfohreule (gesträubt)
und ich (durchs Fernglas)
haben (auf uns) ein Auge

Althäuserzeile
Hinter Äckern – drüber steigt
Ein Kran fürs Hochhaus.

Vor den Sonnenuntergang
hat mir der Neubau
den Kamin gesetzt

Atmen kann er noch
im Klinikvorhof
Linde des Vaters Liebling

Woher kenn ich das
wenn ich erst wüsste
wo wüsst ich auch wer

Fuß an Fuß im Zug
die Blicke weichen einander aus
die ganze Strecke

Niemand schwimmt im Strom
Der Mensch gewöhnt sich an
alles, ich aber nicht

Die Haiku von Georg Jappe sind lebendig, auch unkonventionell, ignorieren oftmals die traditionellen Vorgaben. In einer Art Nachwort zu seinem *Haikubuch* legte er dar, was ihm beim Haiku wichtig war: einerseits Rhythmus und andrerseits Spannung, die sich aufbaut – wie zwischen zwei elektrischen Polen:
Am Haiku interessiert mich besonders: zwei Bilder treten in Spannung, die in einem dritten aufgehoben wird (aber nicht aufgelöst); mitunter, beson-

*ders schwierig, sind es auch bildlose Bewegungen und Klänge. Der Vorgang ist dem der Elektrizität exakt analog, zwischen den Polen **Plus und Minus** entsteht ein Stromstoß dann, wenn jemand den potentiellen Kontakt vollzieht.*

Dieser Jemand ist der aktive Leser, aktiv wie der Hausmusiker, der Partituren nicht nur liest, sondern probt. Nicht Impression noch Aha-Effekt, sondern Nachwirkung ist das erste Kriterium für ein Haiku.

Mit diesen Erwartungen an das Haiku schließt er sich den Worten Wilhelm von Bodmershofs an:

*Alle diese Gedichte gehen vom **Bild** aus ...*
*Das zweite wesentliche Bauelement des japanischen Haiku ist die **Bewegung** ...*

*Diese Bewegung empfängt ihren Anstoß aus dem dritten Bauelement, nämlich der Spannung zwischen zwei in das Gedicht eingebauten Polen. Dies wird besonders spürbar, wo die zwischen den **Polen** verlaufende Bewegung nicht geradlinig von Pol zu Gegenpol geht, sondern sich innerhalb des Gedichtes wendet.*

*Diese fast handwerklichen Mittel allein genügen jedoch nicht. Entscheidend ist der im Haiku **verborgene Sinn**.*

VERWENDETE WERKE

Bodmershof, Imma: Unter acht Winden. Eingeleitet und ausgewählt von Hajo Jappe. Das österreichische Wort, Band 106. Stiasny, Graz und Wien, 1962.

Bodmershof, Wilhelm: Studie über das Haiku. In: Bodmershof, Imma: Haiku. Albert Langen Georg Müller, München 1962.

Jappe, Hajo: Haiku. Herbert Post Presse, München o.J.

Jappe, Hajo: Die längeren Haiku der Ausgabe von Langen-Müller 1962. verkürzt auf 17 Silben 1975: ein Vergleich. In F. Shohen (Hrsg): Löwenzahn. Die auf 17 Silben verkürzten Haiku von Imma v. Bodmershof. Itadori-Hakkosho, Matsuyama 1979.

Jappe, Hajo: Gesammelte Haiku. Graphikum, Göttingen 1992.

Jappe, Georg: Haikubuch. Horst Nibbe, Köln 1981.

Jappe, Georg: Handexemplar. Ein Konvolut Haiku. Kleinheinrich, Münster 1993.

LINKS

https://deutschehaikugesellschaft.de/wp-content/uploads/2018/07/Vorabartikel.pdf

https://www.deutschehaikugesellschaft.de/files_doc/72-Fitterer_2.pdf

Traude VERAN

Erich FRIED

war kein Haikudichter

Der Wiener Erich Fried (1921–1988) floh 1938 vor den Nazis nach England. Nach dem Krieg war er Radiojournalist und als Dichter und Shakespeare-Übersetzer Mitglied der *Gruppe 47*.

1966 veröffentlichte er den Band *und Vietnam und* und nahm von da an am politischen Diskurs Teil, was ihm Verleumdungen bis zu gerichtlichen Klagen einbrachte. Er musste über 60 Jahre werden, bevor sein Werk (besonders die Lyrik, aber auch Übersetzungen und Hörspiele) die ihm zustehende Würdigung erfuhr.

Der chronisch Kranke starb 1988 während einer Lesereise.

Für den Gedichtband *Das Nahe suchen* erhielt Erich Fried 1983 den Bremer Literaturpreis. Aus der Laudatio des Schriftstellers und Literaturtheoretikers Herbert Heckmann: *Ein Lyriker, der die Kunst beherrscht, zwischen den Stühlen, zwischen den Kulturen zu sitzen, ein Genie im Auffinden öffentlicher Fettnäpfchen, ein Dichter, der es nicht aufgibt, Gedichte gegen den Zustand der Welt zu schreiben.*

Frieds Gedichte sind nicht nur hochpolitisch, sie sind vor allem auch große Sprachkunstwerke. In lakonischer Kürze und verstörender Direktheit presst er den Hintersinn aus den Worten, erhellt Brüche, aber auch Zusammenhänge in Sprache und Denken. Seine Wort"spiele" sind von blutigem Ernst.

Haikudichter ist er aber keiner. Nur zwei seiner Kurztexte aus dem genannten Band bezeichnet er selbst als solche:

Zwei Haiku vom Krieg

»Kämpft gegen den Krieg!«   Als der Rauchpilz stieg
Hunderttausend sagten doch: hunderttausend fragten noch:
»Warum grade ich?«   »Warum grade mich? «

Trotz der geradezu karikierten Silbengenauigkeit 5–7–5 ist das ein zweistrophiges, gereimtes Gedicht, zudem ein Rückblick auf Vergangenes. Wir dürfen annehmen, dass Fried genau wusste, was ein Haiku ist und hier, wie so oft in seinem Leben und Schreiben, bewusst gegen landläufige Übereinkünfte verstieß. Vielleicht gewinnt dieser Text gerade dadurch seine beklemmende Wucht: Nichts ist so, wie es sein sollte.

LITERATUR:

epdf.pub/das-nahe-suchen (cit. heckmann)
Das Nahe suchen. Gedichte. Wagenbach TB 297 ab 1982, S. 91
Wikipedia: Erich Fried

WIR WOLLEN NICHT VERGESSEN

Vor 75 Jahren fanden die Atombombenabwürfe auf Hiroshima und Nagasaki statt. Am 6. August auf Hiroshima und am 9. August auf Nagasaki.

Gerade in der heutigen Zeit mit vielen Atomkraftwerken rund um Österreich und verstreut über den ganzen Globus, und besonders als „Japan-Interessierte" sollten wir diese schrecklichen Auswirkungen nicht vergessen.

Am Morgen des 6. 8. 1945 wurde die Atombombe „Little Boy" über der Stadt Hiroshima gezündet. Nahezu alle Häuser der Stadt wurden zerstört oder schwer beschädigt. Den Befehl zum Einsatz gab US-Präsident Harry S. Truman. Etwa 70.000 Menschen waren sofort tot. Insgesamt aber starben bis Ende des Jahres 1945 an die 130.000 Menschen.

Die Kaiserstadt Kyoto sollte wegen ihrer Bedeutung als kulturelles Zentrum Japans verschont werden. Stattdessen beschloss man Nagasaki, ein bedeutender Standort des Mitsubishi-Rüstungskonzerns, zu bombadieren.

Die Überlebenden leiden an den Folgen der Verstrahlung bis heute.

Mit der Kapitulation Japans endete am 2. September der Zweite Weltkrieg auch in Asien, nachdem er in Europa mit der Kapitulation der deutschen Wehrmacht bereits seit dem 8. Mai 1945 zu ende war.

Heute dient der Friedenspark dem Gedenken an dieses Ereignis. Im Park befinden sich die Ruinen der Atombombenkuppel als eines der wenigen Gebäude, die nahe der Abwurfstelle noch standen.

Das Gedenken an die Opfer spielt in Japan eine große Rolle in der nationalen Kultur und im nationalen Selbstverständnis. Weltweit wurden Hiroshima und Nagasaki zu Symbolen für die Schrecken des Krieges und vor allem eines möglichen Atomkrieges zu Zeiten des Kalten Krieges.

Petra Sela

Quelle: Wikipedia

Maria KISSER / NYROM

„Fluss des Lebens", Acryl LW, 80 x 80 cm

Petra Sela

Imma von Bodmershof (1895–1982)

1895 als Tochter des Philosophen Freiherr Christian von Ehrenfels, Begründer der Gestaltlehre, in Graz geboren, lebte bis zu ihrem Tod 1982 auf ihrem Gut in Rastbach bei Gföhl/Niederösterreich. Kunst und Philosophie bildeten den Mittelpunkt ihres Lebens. Neben anderen Auszeichnungen erhielt Imma von Bodmershof 1958 den Großen Österreichischen Staatspreis. Sie unternahm zahlreiche Reisen und pflegte Kontakt mit dem Rilke- und Georgekreis. Gemeinsam mit ihrem Gatten, dem Diplomaten Wilhelm von Bodmershof, konnte sie tiefe Einblicke in die japanischen Kultur und Dichtkunst gewinnen und verschaffte, als begnadete Haiku-Dichterin, der anspruchsvollen japanischen Lyrikform Ansehen und Anerkennung im deutschsprachigen Raum und darüber hinaus.

Sie war die erste deutschsprachige Haiku-Dichterin, die von maßgebenden japanischen Sachverständigen hohe Anerkennung genoss. Obwohl die Interpunktion im Haiku von einigen Experten abgelehnt wurde, beachtete sie die Satzzeichen und verwendete den Gedankenstrich als „Schneidewort".

Hajo Jappe (in: Einleitung zu *Unter acht Winden)*: „Mit dem Sinn für die schwebend geschlossene Form, für das Maß im Unendlichen, für das Ewige im ‚Augenblick‘, für den umfassenden Horizont um das kleinste Gebild und für dessen Ruhen im Ganzen … schafft die Dichterin … Haiku in ungezwungen deutscher Sprache: ohne eigentlich lyrischen Tonfall rhythmisch-klangliche Gebilde, die in der sinnlichen Wahrnehmung augenblicks transzendierende Erfahrung aufleuchten lassen."

In ihrer Magisterarbeit über Haiku, ergänzt und erweitert für das Fachbuch „Das Deutsche Kurzgedicht in der Tradition japanischer Gedichtformen", zitiert die Verfasserin Margret Buerschaper eine Expertenmeinung von Hachiro Sakanishi (1978):

Was schätzen die Japaner an Imma von Bodmershof?

„Rationale Gestaltungskraft, sowie die Tendenz zu aphoristischer Kürze ist erkennbar. Im ganzen gesehen sind ihre Haiku bisher in der deutschen Literatur von einer in dieser Fülle unerreichten Dichte. Zum erstenmal ist die Symbiose zwischen deutscher Dichtung und traditionellem Haiku in einem ganzen Dichterleben geglückt".

Von Margret Buerschaper ausgewählte Haiku von Imma von Bodmershof:

Mond blickt durch Wolken
im Kirschbaum leuchtet –
heller als Blüten – der Schnee.

Löwenzahn – Spielverderber
bläst schon den Samen
Herbst in das Frühjahr.

Und aus Imma von Bodmershofs *Sonnenuhr*, Haiku, Stifterbibliothek
Salzburg, 1970:

Fremdes Mondenlicht
auf der alten Sonnenuhr –
Wo gilt solche Zeit?

Alter Apfelbaum
hat bloß einen Ast. Der trägt
Knospe an Knospe.

„... doch wäre diese von Imma von Bodmershof erst seit 1947 gepflegte
Dichtungsart [des Haiku], ja Geisteshaltung und Gestaltungskraft ohne ihr
erzählerisches Werk gar nicht denkbar", schreibt Gottfried W. Stix (in: *Licht
von Innen: Zu Imma Bodmershofs Dichtung*). Und auch Hajo Jappe findet
in *Die Rosse des Urban Roithner* Ähnlichkeiten mit Haiku: „.... Es geht Imma
von Bodmershof auch hier um die nämliche Mysterienbühne des Lebens,
wo zugleich oben und unten gespielt wird, ... die Arbeit wird bedeutend,
die Ganzheit des Menschen ist in ihr. Und ohne daß symbolische Bezüge
überanstrengt werden, spüren wir, daß anderes hier sprachlich bewältigt ist,
daß es um unser Tun, um unseren Sinn geht in bewußt strenger Komposition
auf einen Hintergrund zu."

Mit dem Roman *Die Rosse des Urban Roithner* gelang der Dichterin unmit-
telbar nach dem Zweiten Weltkrieg der Durchbruch. Nachfolgend ein kurzer
Ausschnitt (aus: Die Rosse des Urban Roithner, Verlag NÖ Pressehaus, 1982
(Die Erstausgabe erschien 1944 im Suhrkamp, Berlin; die erste österreichische
Ausgabe 1950 in der Österreichischen Verlagsanstalt, Innsbruck):

„Als Urban wieder eintrat, stand der Nachförg mitten im Raum, wie wenn
er lauschte. Ob der Roithner es donnern gehört habe, fragte er. Urban
hatte nicht gehört, aber es war so warm draußen, als wollte wirklich ein
Gewitter kommen, jetzt, mitten im Winter.
   Ob der Roithner den Mond gesehen habe, fragte der Nachförg, den
Mond und das Blut, das von ihm zur Erde tropfte.
   Der Mond sei schon untergegangen, erwiderte Urban, und es ware kein
Blut an ihm gewesen, er hätte ihn genau gesehen bei seinem Ritt.
   Der Mond badete jetzt, sagte der Nachförg, dort drunten im Blutmeer,
sein Schein drang durch die schwarzrote Flut, die konnte ihn nicht verde-

cken, dort sog der Mond sich voll mit Blut, und wenn er wieder aufstieg, unförmig angetrunken, dann tropfte es herunter vom Himmel.

Urban wollte dem Nachförg sagen, das wären alles bloß Einbildungen, und der Nachförg sollte ablassen davon. Aber so wie der Nachförg sprach, war es deutlich, daß er sah und hörte, nicht anders, als Urban selbst.

Darum sagte er bloß, es sei schon spät in der Nacht, er wollte nicht weiter heute, sondern beim Nachförg bleiben bis zum Morgen.

Der aber hörte nicht, was der Roithner zu ihm sprach, er war wieder versunken und lauschte anderswohin.

Auf einmal packte der Nachförg ihn am Arm und zog ihn heftig hinaus vor die Hütte. Dort hielt er still und hieß auch den Roithner still sein und lauschen.

Ungeheuer stand die Nacht vor dem kleinen Haus. Die Wolken im Westen mußten dichter geworden sein, denn schwarz wie eine Wand hob sich dort die Finsternis. Reglos warteten hinter ihnen *die Bäume unter ihrer Wehr von Eis*, und *das Licht der wenigen Sterne zeigte nur die Weite der Nacht an.*

Da spürte Urban ein Beben in der Hand des Nachförg, die noch seinen Arm hielt, und wie er zu ihm blickte, sah er im Schein, der aus der Hütte fiel, ihn hinschauen zum Rand des Himmels, mit einem weit aufgetanen Blick, als sähe er ein Herrliches dort sich bewegen.

Was es sei, fragte der Urban.

Ob er es denn nicht sehe, kam wie ein Stoß die Antwort, dort, die Feuerrosse.

Urban sah nichts als die Finsternis um sich, aber eine geheime Hoffnung sprang in ihm auf mit Gewalt, und da er nichts sah, lauschte er ins Dunkel. Aber er konnte auch nichts hören.

Nach einer Weile ließ der Nachförg Urbans Arm los und sagte: Rund um den Himmel gingen sie, und die Erde glühte auf und dröhnte unter ihren Hufen. Aber sie trugen keinen Reiter."

(Haiku-ähnliche Abschnitte sind kursiv gesetzt.)

Schon ihr erstes Werk, *Der zweite Sommer,* erregte durch den ausgeprägten eigenen Stil Aufsehen. Man bezweifelte, dass es sich um ein „Erstlingswerk" handelte. Imma von Bodmershof „konnte die Dinge wirksam erleben, denn sie hat deren Sosein und deren Geschichte studiert, auch Geographisches im weitesten Sinn, und war in Belangen der Wirtschaft genau so zu Hause wie in den Bereichen des Handwerks, was den Eindruck hervorrufen könnte, sie habe dieses jeweils selbst ausgeübt. So war es ihr auch gegeben, die feinste seelische Regung symbolhaft werden zu lassen. ... Was immer sie sah, sah sie zuerst einmal in sich hinein und lebte damit, in einem farbigen Kosmos des Schweigens, bis diese Masse von Ein-drücken, Gefühlen, Gedanken unversehens, wann, wo und wie immer, ins Stocken geriet und Gestalt werden konnte … So mag auch für Imma von Bodmershof gelten, was sie von ihrem Vater gesagt hat: Das Suchen nach innerer Gestalt kam aus seiner Natur und bestimmte sein ganzes Leben ebenso wie sein Werk" (Gottfried W. Stix).

Nicht zu vergessen sind der in Sizilien angesiedelte Roman *Sieben Hand-voll Salz* (1950) und der Roman *Die Bartabnahme* (1966), spätere Ausgabe *Ibarras Bartabnahme* (1986) zu dem die Zeitschrift *Die Tat*, Zürich, schrieb: „Die Autorin verdichtet Landschaft und Geschehnisse des Spanischen Bür-gerkrieges. Das grausame Vorspiel des Zweiten Weltkrieges wird unter den Händen dieser Künstlerin zu einem menschlichen Zeugnis und zu einem Zeugnis der Menschlichkeit." Die Handlung dieses spannenden Romans umfasst nur zwei Stunden und doch werden die politischen Verflechtungen des Spanischen Bürgerkriegs historisch genau und in allen Dimensionen gezeigt. Ibarra, den Protagonisten, treibt sein Kampf für eine spanische Republik ins Exil. In den Pyrenäen auf französischer Seite begegnet er sei-nem alten Kampfgefährten Aizpuru und lässt sich von ihm aus einer Laune heraus den Bart abnehmen. Doch das Spiegelbild seines nackten Gesichts löst in Ibarra Erinnerungen aus, die ihn tief in seine eigene Geschichte und die seines Landes führen.

Hier ein kurzer Ausschnitt aus:
Ibarras Bartabnahme, Loeper Verlag, 1986:

„Die Schere biß in den Bart. Ihr Klicken, bedrohlich nahe an Ibarras Ge-sicht, wiederholte sich im gleichen kurzen Abstand. Er betrachtete sein Bild, den Mann, der ihm aus dem Spiegel entgegensah. Der Kopf stand unwirklich im Raum, vom Rumpf getrennt durch das Leintuch, das ihm Aizpuru vorsorglich um Hals und Schultern gelegt hatte. Die grauen und braunen Barthaare umstanden Kinn und Backen wie starre Strahlen ei-ner verlöschenden Sonne.

Aizpurus Kopf, im Arbeitseifer um ihn kreisend, zeigte die gleiche aus-gewogene Teilung des Gesichtes, die volle Stirn, die mit breitem Rücken ansetzende lange Nase, das starke Kinn. Es fiel Ibarra ein, daß seine Freunde aus Madrid immer behauptet hatten, die Basken sähen einan-der alle gleich, es sei schwer, sie zu unterscheiden. Er hatte das damals nicht begriffen, aber jetzt, nach den Jahrzehnten im Exil, erkannte auch er die Ähnlichkeit, die auf keiner anderen Verwandtschaft gründete, als der großen von Euskari. Freilich, wenn er die beiden alternden Köpfe so nebeneinander sah, den eigenen harten und den anderen, den im-mer noch etwas Kindliches bestimmte, blieb der Unterschied deutlich genug.

Der Spiegel zeigte im offenen Fenster hinter ihnen ein blaues Recht-eck, in dem sich Felsen und Schneefelder wie ausgestanzt abhoben. Hart war die Luft, die in Wellen hereindrang, wohltuend rein, aber sie machte Ibarra zu schaffen, der gewohnte Druck in der Herzgegend war abgelöst durch unruhiges Klopfen. Er fühlte sich fiebrig und spürte den Puls in den Fingern, mit denen er die Armlehne des Stuhles umschloß. Eigent-lich hätte jetzt, am dritten Tag, das Höhenfieber nachlassen sollen, statt dessen nahm es eher noch zu, der Unterschied zwischen der Luft in Paris und der dünnen hier heroben war zu groß.

Aber was da über die Gipfel herüberkam, war spanische Luft. Nahe hinter dem Wall aus Stein und Eis pulste und atmete Spanien. Ein leben-diges, gegenwärtiges Spanien, nicht das Gedankenbild, mit dem sie in Paris umgingen."

Gottfried W. Stix zu Imma von Bodmershofs Dichtung:

„Hohe Dichtung – wer will das bestreiten – quillt aus dem Grund des Da-seins hervor, rein und lebendig, nicht abgestanden und von üblem Ge-ruch."

Und Hajo Jappe schreibt:

„... Gestalt in sich geschlossen, geht insgeheim doch über sich hinaus. Auch jedes Buch der Bodmershof, ein Ganzes, ist doch nicht zu Ende, wie eben Dichtung über ihren Dichter hinausweist ... Somit läßt sich bei keinem die-ser Bücher durch eine Angabe der Handlung ihr Inhalt mitteilen ..."

Kyoko ADANIYA-HOLM, Tuschmalerei

abgedruckt in dem Buch von Petra Sela: „noch am Abend der Klang", ÖHG 2016, ISBN: 978-3-9503584-6-9

TRAUDE VERAN

WIDERBORSTIGE WÖRTER

Vom Übersetzen aus der Sicht einer Praktikerin

Zunächst möchte ich mich bei meiner alten Weggefährtin Daniela Beuren, die mir für diesen Artikel wichtige Anmerkungen und Literaturhinweise überlassen hat, herzlich bedanken.

Die Übertragung von einer Sprache in die andere hat so ihre Tücken, besonders, wenn es sich um Lyrik handelt. Das klassische Haiku, ein konkreter Schnappschuss aus dem Leben, dessen tiefere Bedeutung sich uns erst im Nachdenken erschließt, wäre da vermeintlich am leichtesten zu handhaben: Der stille Teich, der springende Frosch, für sie hat jede Sprache ihre klaren Ausdrücke.

Aber dann geht es schon los: Was ist das Geräusch des Wassers (*mizu no oto*)? Von *Oh! Das Geräusch des Wassers* bis *Plop* gibt es alle Varianten. Also rechnen wir besser mit Schwierigkeiten. Jedoch nicht nur das uns fremde Japanische bringt uns in die Bredouille, auch dem Deutschen verwandte europäische Sprachen haben es in sich.

Unter anderem damit hat man bei einer Übersetzung zu rechnen:

1. Unterschiedlicher Bedeutungsumfang

In meinem Gedicht *Eis und Schnee*[1] (es ist kein Haiku) geht es darum, dass Kinder, fröhlich ihre Eisstanitzel lutschend, Schlitten fahren. Im Deutschen ist Eis doppeldeutig, nicht so im Tschechischen. Der Titel wird daher nicht (wörtlich) *led a sníh* lauten können, sondern *led* (Wintereis) *a zmrzlina* (Speiseeis) und verliert damit viel von seinem Reiz.

2. Klangeigenschaften

> *Slättnatt. En öde sal.*
> *Kvinnan i fönsternischen*
> *väntar solen.* (Dag Hammarskjöld)

> *Night on the plain. Desert hall.*
> *The woman in the window niche*
> *awaits the sunrise.* (Übers. Kai Falkman)[2]

> *Flachlandnacht. Hallenöde.*
> *Eine Frau in der Fensternische*
> *die Sonne erwartend.* (Übers. Veran)

Der erbarmungslos harte Klang von *slättnatt* ist weder im Englischen noch im Deutschen wiederzugeben. Und eine Verdoppelung des *die* (zweite und dritte Zeile) klänge im Deutschen allzu schwerfällig.

Georges Hartmann[3] zitiert Franck Vasseur:

> *à chaque gorge*
> *mousse et moustache*
> *en parfait accord*

Wie lebhaft hört man da das Krügel zischen – ganz abgesehen von dem köstlich-rhythmischen Gleichklang *mousse / moustache*. Hartmanns deutsche Fassung

> *Bei jedem Schluck*
> *Schaum und Schnauzbart*
> *in perfekter Eintracht*

tut, was sie kann – das ist nicht wenig, aber gegen das Französische …

2a. Stabreim (Alliteration) und Vokalreim (Assonanz)

Oben stehendes Beispiel lässt das Problem schon anklingen.

> *Im Großen Garten*
> *lang verfallene Götter*
> *und singendes Grün* (Beate Conrad)[4]

Diese Alliteration ist mit *jardin* (franz.), *giardino* (ital.), *zahrada* (tschech.), *trädgård* (schwed.) usw. nicht zu erreichen, wohl aber mit dem englischen *garden*. Das spanische *jardín* nähert sich dem Erwünschten an.

Auch bei den weiteren G-Wörtern alliterieren manche Sprachen, andere aber gar nicht (ich nenne hier nur die Grundformen):

D	E	Fr	It	Span	Schw	Tsch
Gott	*god*	*dieu*	*dio*	*dios*	*gudar*	*bůh*
groß	*great*	*grand*	*grande*	*grande*	*stor*	*veliký*
grün	*green*	*vert*	*verde*	*verde*	*grön*	*zelený*

Noch schwieriger wird es mit dem Vokalreim:

> *Blüten glühen –*   *glowing blossoms*
> *auf grünem Laubfächer*   *on green fan-shaped leaves*
> *wildes Rot*   *furious redness* (Veran, unveröff.)

3. Eigenheiten der Grammatik

> *Träden flämtar. Tystnad.*
> *En droppe fårar tveksam*
> *rutans dunkel.* (Dag Hammarskjöld)

flämtar = keuchen, flackern
ruta = Scheibe, Feld

> *The trees pant. Silence.*
> *A drop furrows hesitantly*
> *the pane's dust.* (Übers. Kai Falkman)[5]

pant = keuchen
pane =Scheibe, Feld

> *Bäume flackern. (Bäume wie Fackeln.) Stille.*
> *Ein Tropfen furcht zögernd*
> *das Scheibendunkel.* (Übers. Veran)

Bei diesem Beispiel haben sowohl die Wortlänge (Flexionen!) und das Vorhandensein eines Artikels, als auch die Möglichkeit zur Bildung von Komposita Einfluss. Dazu kommt noch die Überschneidung der Wortbedeutungen, eine Alliteration (*träden / tystnad*) und der Klangakkord *pant / pane*, den der Zufall dem Englischen abluchst.

4. Wortspiele, Zitate

Sie lassen sich oft gar nicht übertragen. Wir erkennen hier, dass wir nicht irgendwelche abstrakte Texte übersetzen, sondern dass wir uns zwischen verschiedenen Kulturen bewegen.

Völlig aussichtslos wäre z. B. eine originalgetreue Übersetzung von Liane Presich-Petuellis „Lyrischen Brückenschlägen"[6], bei denen sie ihre Haiku um Zitate aus bekannten Gedichten konstruierte:

> *auf den Fluren sind*
> *die Winde los – am Strauch zerrt*
> *Altweibersommer*

Zitat aus Rainer Maria Rilke, Herbsttag: … *und auf den Fluren lass die Winde los.*

Um hier z.B. im Englischen den Sinn zu treffen, müsste man ein ganz neues Haiku schreiben, das sich auf ein englisches Gedicht bezieht.

Mein Haibun *Zandvoort*[7] berichtet von einem schockierenden Todesfall mitten im Urlaub. Es endet sarkastisch:

„Mitten im Leben
sind wir vom Tod umgeben" –
Deutsche reimen gern

Media vita in morte sumus[8] ist der Beginn eines uralten kirchlichen Wechselgesangs. Im Deutschen wird das Zitat wie ein Sprichwort verwendet, aber bereits das lateinische „Original" ist eine Übersetzung.

5. Verführung durch Klangassoziation

Klaus-Dieter Wirth fand in der *Lotosblüte 2019* meine Übersetzung eines Haiku von Allen Ginsberg und war ziemlich entsetzt:

I slapped the mosquito	Die Mücke hab ich
and missed	erschlagen – vermisse sie
What made me do that?	Was trieb mich dazu?

Das ist hier natürlich falsch. Es müsste heißen: *Nach der Mücke hab ich geschlagen / verfehlte sie.* Das Wortpaar *missed / vermisst* drängte sich mir offenbar per Klangassoziation auf.

Gar nicht so selten habe ich das Wort *another* mit *ein anderer* übersetzt gefunden, obwohl *noch einer* gemeint ist. Da war dasselbe Teufelchen am Werk.

Das Beispiel mit der Mücke zeigt aber noch eine weitere Stolperschwelle:

6. Homonyme

In jeder mir bekannten Sprache gibt es, was naive Sprecher zunächst nicht vermuten, Tausende von Wörtern, die mehrere Bedeutungen haben können: *to miss = verfehlen / vermissen.* Solche Hoppalas entbehren, besonders wenn es sich um Erklärungen für ausländische Besucher handelt, oft nicht der Komik und ließen sogar den ehrwürdigen Langenscheidt-Verlag Sammlungen davon herausgeben.[9] Da wird der feine Braten *côte de taureau* zur *Stierküste* und *pan integral*, das Vollkornbrot in der DomRep, zu *wesentlichem Brot.* Und in Coronazeiten wird wohl niemand in China *bacterium with chicken* bestellen – im Chinesischen ist das Wort für Pilz und den Erreger dasselbe.

7. Situative Missverständnisse

In einer Übertragung der Gedichte von Obiora C-Ik Ofoedu[10] aus dem nigerianischen Englisch ging es um ein orgiastisches Fest: ...*wooing love partners* übersetzte ich mit *lockend im Liebesakt.* Das meinte der Autor keineswegs; er, ein strenggläubiger Christ, war schockiert. Auch *Liebespartner* klang ihm allzu intim. Wir einigten uns auf:

... winking charm and wooing love partners. (Original Ofoedu)
... verzaubernd und lockend im Liebesversprechen. (Übers. Veran)

8. Fragen des Stils und der persönlichen Vorlieben

Bin ich als Übersetzerin imstande, absichtliche Stilbrüche, sprachliche Marotten (öfters in Form beabsichtigter Verstöße gegen den Kanon) und signifikante Stilmerkmale zu erkennen und zu übertragen? Einer der ganz Großen auf diesem Gebiet war der 2015 verstorbene „Ambassador of Irish Whiskey" Harry Rowohlt für die irische Dichtung. Von ihm können wir alle lernen.

Der kulturelle Hintergrund der jeweiligen Sprachen spielt ebenso eine Rolle wie eine gewisse Sympathie von Mensch zu Mensch, mindestens aber für den Text. Sogar eine berufliche Übersetzerin wie Stefanie Jacobs[11] bekennt das freimütig.

Und letztlich: Wir alle sind zu einem gewissen Maß in unseren eigenen Sprachduktus verliebt; beim Übersetzen müsste ich mich von solchen Gefühlen unbedingt befreien – müsste! Ich z.B. liebe Alliterationen. Verträgt nur leider nicht jede/r. Eine mir sehr liebe israelische Kollegin findet sie allzu germanisch.

Oder:

La mort a creusé sans doute
Ces gigantesques sillons
Dont les graines sont des hommes. (Julien Vocance)

Zweifelsohne hat der Tod
diese gigantischen Furchen gegraben,
deren Saat Menschen sind. (Übers.: Klaus-Dieter Wirth)[12]

Hier bin ich an dem Ausdruck *zweifelsohne* hängen geblieben. Ich habe darüber nachgedacht, was dieses Ablehnen eines Zweifels, im Deutschen viel amtlich-trockener klingend als *sans doute*, hier überhaupt soll und erkannte plötzlich, dass die hölzerne, aus dürren Befehlen gewohnte Wendung eine Art Sperrmauer gegen den Schrecken bildet. Vielleicht meinte Vocance das so ähnlich? Wir können ihn nicht mehr fragen. Vielleicht hat aber erst Wirth bewirkt, dass wir Nachgeborenen die Schrecken der damaligen Zeit, die „Banalität des Bösen", wie Hannah Arendt es nennt, richtig begreifen.

9. Hinweise für Übersetzer/innen

Sollten Sie an diesem Thema besonders interessiert sein, empfehle ich Ihnen die entsprechenden Passagen des Nachworts zu „Sturmhöhe" von Emily Brontë. Es stammt von Wolfgang Schlüter, der das Werk neu übersetzt und herausgegeben hat.[13] Er beschreibt nicht nur detailliert die Schwierigkeiten seiner Arbeit – er untermauert sie auch mit konkreten Beispielen aus dem Buch. Im Übrigen: Sie werden unschwer bei jeder Ihrer Übersetzungen weitere Stolperfallen finden.

Die folgenden Bücher habe ich leider selber nicht gelesen, sie sind mir aber empfohlen worden:

Wittbrodt, Andreas: *Verfahren der Gedicht-Übersetzung. Definition, Klassifikation, Charakterisierung.* Frankfurt: P. Lang 1995

Handbuch Lyrik, Hg. D. Lamping, Springer 2011, S. 229ff.

Heike van Lawick, Brigitte E. Jirku (Hg.): *Übersetzen als Performanz.* Repräsentation – Transformation 8. LIT Verlag Wien/Berlin: Juliane Schöneich, ca. S. 80

Abenteuer des Übersetzens. Hg. Jale Melzer-Tükel, Graz: Literaturverlag Droschl 1991

Übersetzen. Heft, herausgegeben von der IG Übersetzerinnen Übersetzer und der Erich Fried Gesellschaft 2007

1 **Veran, Traude**: *Krumauer Begegnungen / Krumlovská setkání.* Gedichte und Fotos. Gesellschaftsverlag Brünn 1996, S. 76f.

2 **Falkman, Kai:** *A String Untouched. Dag Hammarskjöld's life in haiku and photographs.* Verlag rmp o.J., ISBN 1-893959-57-0, S. 29

3 **Hartmann, Georges**: *Die französische Ecke.* Sommergras 104/2014, S. 17

4 **Conrad, Beate**, in: *Gesammelte Augenblicke.* Hg. Gerhard Stein, Heidelberg 2013, S. 38
„Großer Garten": Fachausdruck für den französischen Barockgarten

5 **Falkman**, S. 31

6 **Presich-Petuelli, Liane**: *Lyrischer Brückenschlag.* Lotosblüte 2014, S. 44

7 **Veran, Traude**: *GEDANKEN REISEN.* Wien 2016, S. 7

8 **WIKIPEDIA**

9 *Übelsetzungen.* Dankstelle (2009) und *Futtern Sie die Affen nicht* (2011), mit Texten von Titus Arnu. Langenscheidt KG Berlin / München

10 **Ofoedu, Ohiora C-Ik**: *The Mind's Eye.* TransCultural Media, Wien 1998. *Moon dance,* S. 25f.
Übersetzt von Traude Veran: *Geistauge.* Gedichte. Czernin Verlag, Wien 2000. *Mondtanz,* S. 45ff.

11 **Jacobs, Stefanie:** *Man will und darf nicht zu sehr glätten* – Interview zur Übersetzung von Neil Youngs „Hippie-Traum". http://www.rusted-moon.com/

12 *__Mitten ins Gesicht__. Haiku aus dem Krieg 1914-1918.* Aus dem Französischen übersetzt von Klaus-Dieter Wirth. Hamburger Haiku Verlag 2014, S. 63

13 **Schlüter, Wolfgang,** Herausgeber und Übersetzer von: Emily Brontë: *Sturmhöhe.* München 2016.

Nachwort S. 513ff., besonders 528-546 und 547-552.

Traude VERAN

Haiku 1981 – 2019

Haiku Schreiben ist ein Pilgerweg. Du betrittst ihn mit Neugier und Selbstvertrauen, schreitest schwungvoll voran, bezwingst Etappe um Etappe.

in meiner wiese
sind vor dem schnitt die bunten
farben am vollsten
(1982)

Irgendwann hältst du inne. Verweilst. Prüfst. Da waren zu viele Nebenpfade. Verlockungen. Welches ist dein Weg?

die Juniwiese
ein buntes Blumenmeer – die
Sense schon bereit
(1999)

Du findest einen Weg. Du gehst ihn. Er ist sehr einfach.

Juniwiese
buntes Gewoge
morgen der Schnitt
(2019)

Der Weg endet nie.

Liebe
du willst immer
nach den Sternen
greifen ...

versuch's doch einmal
mit der Welt!

Ingeborg K. Hoflehner

NACHRUF

Ingeborg Karin HOFLEHNER

(23.3.1942 – 7.9.2019), ein Mensch, der sich darum bemüht hat, Brücken zu fernen Kulturen zu bauen. Ihr Lebenswerk war der Aufbau und die Unterstützung eines Kinderheimes in Afrika, wofür sie bereit war, ein ganz bescheidenes Leben zu führen.

Ingeborg Karin Hoflehner wurde in Wels/OÖ geboren, lebte aber den Großteil ihres Lebens in Wien. Durch ihre berufliche Tätigkeit im Außenamt ist sie viel herumgekommen: Mehrjährige Aufenthalte in Paris, London, Tokio, Peking.

Buchveröffentlichungen in Lyrik und Kurzprosa. Mitgliedschaften: P.E.N.-Club, Österreichischer Schriftsteller/innenverband und die letzten Jahre auch Mitglied der Österreichischen Haiku Gesellschaft.

Trotz des großen Tiefgangs ihrer Texte, war immer ein Augenzwinkern dabei. Ihr Humor war einfach köstlich. Ich habe viel mit ihr gelacht. In den letzten Jahren hatte sie schon Schwierigkeiten, sich mit der Dummheit vieler Menschen abzufinden und so blieb ihr manch Lacher im Hals stecken.

Sie war ein so liebenswerter und wertvoller Mensch — wir vermissen Dich!

Petra Sela

NACHRUF

OStR Prof.ⁱⁿ Mag.ᵃ Liane PRESICH-PETUELLI

Einige Tage nach ihrem 95. Geburtstag, am 20. Jänner 2020, ist unsere Prof. Liane Presich-Petuelli von dieser Welt gegangen. Sie war ein Stern am Musik- und Literatur- himmel in Österreich, über die Landes- grenzen hinaus und vor allem im burgen- ländischen Raum. Als Professorin unter- richtete sie zahlreiche Schüler, von denen im späteren Leben eine Reihe großer Persönlichkeiten hervorgegangen sind.

Presich-Petuelli, bekannt als Pianistin, großartige Scherenschnittkünstlerin und Lyrikerin hat beim Haiku-Wettbewerb der ÖSTERREICHISCHEN HAIKU GESELLSCHAFT im Jahr 2012 den 1. Preis mit dem unten stehenden Haiku gemacht, das auch auf ihrer Parte steht. So konnte sie auch auf eine Reihe von Auszeichnungen, davon sehr bedeutende wie das goldene Ehrenzei- chen der Freistadt Eisenstadt und die Haydn-Medaille zurückblicken. Sie hatte zahlreichen Auftritte in Radio und Fernsehen. Mit Kammerschau- spielerin Lotte Ledl verband sie eine viele Jahre dauernde Freundschaft. Gemeinsam mit anderen Künstlerinnen und Künstlern gestaltete sie Le- sungen und Liederabende. Ihre Scherenschnitt-Werke wurden weit über Österreich hinaus ausgestellt, so z.B. in China. 2015 hatte sie eine große Ausstellung in der Landesgalerie Burgenland und wirkte immer wieder bei Ausstellungen der internationalen Kunstplattform arteMIX mit.

Als Repräsentantin der Lyrikfreunde Burgenland war sie für die Autorinnen / Autoren über Jahrzehnte hinweg die „Große Mutter". Ihr Wunsch, zu den bereits vorhandenen Anthologien der Lyrikfreunde Burgenland noch eine An- thologie hinzuzureihen, ist ihr mit dem Buch „Einblicke – Ausblicke" im Herbst 2019 im Rahmen einer Präsentation im Haus der Begegnung gelungen.

Liane Presich-Petuelli, ein liebenswerter Mensch, erfüllt von Kunst, voll Esprit und mädchenhaft bis ins hohe Alter. Mögen Dich Melodien groß- er Komponisten wie Chopin, Liszt, Haydn, Schumann, Schubert u.a. in die Ewigkeit begleiten.

das letzte Blatt fiel
vom Baum – nun leuchten Sterne
klar durch die Zweige
Liane Presich-Petuelli (Sieger-Haiku)

Petra Sela

Friedrich HELLER

Am Samstag, den 28. März 2020 ist Friedrich Heller verstorben. Er war Schriftsteller, Journalist, Dichter, ein glühender Anwalt der Lobau, ihr Chronist und ein anerkannter Heimatforscher.

Die Kindheit in Groß-Enzersdorf und die Nähe zur Lobau prägen ihn zutiefst.
Ende der 1950er-Jahre ist er an der Herausgabe der Avantgarde-Zeitschrift „Alpha – neue Dichtung" beteiligt. 1962 publiziert er in „Eröffnungen. Lyrik, Prosa, Bildende Kunst" an der Seite von H. C. Artmann, Ernst Jandl und Alfred Kolleritsch.

Er verfasst Hörspiele und zahlreiche Bücher. 1975 veröffentlicht er das kleine, aber besonders feine, geradezu essenzielle Buch „Die Lobau – Führer durch Geschichte und Landschaft der Lobau". Von 1977 bis 2002 ist er Obmann des Vereins für Heimatkunde und Heimatpflege Groß-Enzersdorf.

Ein Anliegen ist ihm auch die japanische Dichtkunst des Haiku. 1990 erhält er von Japan einen Preis beim Ersten Internationalen Haiku-Wettbewerb für die deutsche Sprachgruppe. 1995 ist er Herausgeber der Haiku-Sammlung zeitgenössischer japanischer und österreichischer Autoren „Jenseits des Flusses" im Verlag Edition Doppelpunkt – in japanischer und deutscher Sprache. Um ihn schart sich eine Gruppe von Haiku-Schreibenden aus der sich später unter der Leitung von Petra Sela die Österreichische Haiku Gesellschaft entwickelt. Er war der Grand Seigneur, der stets ein offenes Ohr für unsere Anliegen hatte.

Die letzte Phase seines Lebens musste Friedrich Heller wegen eines Schlaganfalls im Rollstuhl verbringen.

Er erhielt zahlreiche bedeutende Auszeichnungen und war Ehrenbürger von Groß-Enzersdorf.

Rebengelände.
Als Rufzeichen des Schweigens
ein einzelner Baum
Friedrich Heller

Petra Sela

REZENSION

KLAUS-DIETER WIRTH
Der Ruf des Hototogisu.
Grundbausteine des Haiku. Teil I.
Broschiert, 267 Seiten,
Allitera, München 2019.
ISBN 978-96233-155-9

Zwei Bände sind erschienen. Mit diesem essenziellen Werk kam der Neuphilologe Klaus-Dieter Wirth dem Wunsch der Sommergras-Leser nach, seine dort über Jahre regelmäßig erschienenen *Grundbausteine des Haiku* in einem Gesamtwerk zu vereinen.

Bereits in der Einführung zu seinem ersten Grundbaustein des Haiku im Sommergras Nr. 83 (Dez. 2008) macht er darauf aufmerksam, dass es ihm ein Anliegen ist, mit vielen Beispielen aus anderen Sprachen, vor allem aus dem Französischen, Niederländischen und Spanischen, den „Siegeszug, den das Haiku weltweit angetreten hat" zu dokumentieren.

Der erste Band ist in zwei Teilen angelegt, wobei der erste Teil die Grundkomponenten des Haiku in Tradition und Rezeption behandelt.

Im zweiten Teil sind 20 Grundbausteine wiedergegeben und mit zahlreichen internationalen Beispielen belegt. Die Haiku wurden vom Autor übersetzt, und den Originaltexten gegenübergestellt.

Sich auf die vielen Anforderungen an das Haiku einzulassen, ist eine große Herausforderung für die Leser.

Ein ausführliches Literatur- sowie ein Autorenverzeichnis ergänzen diese herausragende Publikation.

KLAUS-DIETER WIRTH
Der Ruf des Hototogisu.
Grundbausteine des Haiku. Teil II.
Broschiert, 292 Seiten, Allitera, München 2020.
ISBN 978-3-96233-229-7

Der zweite Band beinhaltetet weitere 25 Kapitel über die Grundbausteine des Haiku, die durch die geschichtliche Entwicklung belegt und wieder mit einer Unmenge an Beispielen untermauert sind.

Insgesamt ist diese mit fachkundiger Kompetenz zusammengestellte zweibändige Publikation ein grundlegendes Werk, das in keiner Haiku-Bibliothek als Arbeitsgrundlage und Nachschlagewerk fehlen sollte.

Sylvia Bacher

Klaus-Dieter WIRTH
Kurzbiographie als Haiku-Autor

Klaus-Dieter Wirth, Neuphilologe, veröffentlicht Haiku, Essays und andere Artikel zu diesem Genre insbesondere im internationalen Bereich schon seit 1995. Er ist Vorstandsmitglied der Deutsche Haiku Gesellschaft (DHG) und aktives Mitglied weiterer Haiku-Gesellschaften (DE, AT, NL/BE, FR, ES, GB, US) mit regelmäßigen Beiträgen für deren Periodika. Mitherausgeber des dt.-engl. Internet Magazins *Chrysanthemum*. Seine Haiku und zahlreiche andere Veröffentlichungen erschienen in fünf Sprachen. Buchpublikationen:
Zugvögel – Migratory Birds – Oiseaux migrateurs – Aves migratorias. Hamburg 2010, ISBN 978-3-937257-27-3
Im Sog der Stille – In the Wake of Silence – Dans le sillage du silence – En la estela del silencio. Hamburg 2013, ISBN 978-3-937257-72-3
(Herausgeber) *Mitten ins Gesicht – Haiku aus dem Krieg 1914-1918* (eine Übersetzung aus dem Französischen). Hamburg 2014, ISBN: 978-3-937257-75-4
(Herausgeber) *Der Duft des Tuschsteins* (eine Haiga-Anthologie mit 73 Abbildungen des rumänischen Künstlers Ion Codrescu). Hamburg 2015.
Der Ruf des Hototogisu – Grundbausteine des Haiku, Teil 1. Allitera, München 2019, ISBN 978-3-96233-155-9
Der Ruf des Hototogisu – Grundbausteine des Haiku, Teil 2. Allitera, München 2020, ISBN 978-3-96233-229-7
Stimmen der Steine – Voices of Stones – Voix de pierres – Voces de piedras. Allitera, München 2020, ISBN 978-3-96233-228-0

NEUERSCHEINUNGEN

Eva KITTELMANN

Nach den Bänden

> Quadratur der Verse
> Quadratur der Texte
> Quadratur der Legenden

kam nun der 4. Prosa-Band unter dem Titel
QUADRATUR DER SINNE im Verlagshaus Hernals heraus.
Wie immer kenntnisreich, auf hohem literarischem Niveau,
mit feinen Zwischentönen.
ISBN 978-3-902975-78-2

Joachim Gunter HAMMER

LARVEN UND VÖGEL
keiper lyrik 22
160 Seiten
ISBN13: 978-3-903322-06-6

Mit seinem aktuellen Werk *Larven und Vögel* spannt Hammer einmal mehr
das breite Spektrum seiner Themen auf. Gerade rechtzeitig zu seinem
70. Geburtstag. In den 40 Jahren seines Schreibens ist der Stapel seiner
Gedichtbände auf 25 Titel angewachsen.

Gabriele und Georges HARTMANN

haben wieder eine Reihe von biobliophilen Büchlein herausgebracht.
Zum Teil in Kooperation mit anderen Autorinnen/Autoren.
Unter anderem folgende:
Georges Hartmann und Gabriele Hartmann: „**Buchstabensalat**" und
„**Leseraum**", Haiku, Haiga, Haibun; Doppelbuch (beginnt zweimal von vor-
ne), Ringbindung, A5 hoch, 44 bunte Seiten, bon-say-verlag, 2020.

Alle zu beziehen unter: info@bon-say.de, wo Sie auch detaillierte Angaben
zu den zahlreichen Publikationen einsehen können: http://bon-say.de/

*Sollten wir von der ein oder anderen Publikation nicht erfahren haben,
werden wir das Buch in der nächsten Lotosblüte 2021 vorstellen.*

„davongekommen ...“
Briefe von und an ERIKA MITTERER aus den Jahren 1945/46

ist in der Edition Doppelpunkt der Erika Mitterer Gesellschaft erschienen. Herausgeber: Martin G. Petrowsky, mit einer Einleitung von Univ.-Prof. Dr. Karl Müller.

Als Anhang : Erika Mitterer, die NS-Zeit im Zeitraffer von Tagebuchnotizen aus 1938 und 1945 sowie Gedichte der Autorin.

Aus 200 Seiten mit Farbabbildungen gewährt dieses Buch einen Blick auf die Welt vor 75 Jahren. Diese Briefe sehr unterschiedlicher Korrespondenzpartner vermitteln zusammen mit ergänzenden Texten einen bewegenden Einblick in eine aus heutiger Sicht völlig unfassbare Zeit.

Möge dieses Buch vor jenen Verführungen bewahren, denen viele Menschen in der ersten Hälfte des 20. Jahrhunderts erlegen sind.

ISBN 978-3-85273-217-6, Bestellungen: office@erika-mitterer.org

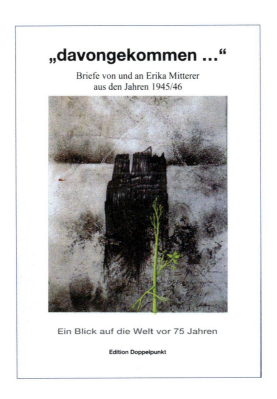

BUCHPUBLIKATIONEN
DER ÖSTERREICHISCHEN HAIKU GESELLSCHAFT

LOTOSBLÜTE
Ausgaben der Jahre 2010 – 2020

AFRIKU. Vienna meets Africa. Haiku, 2019
Haiku aus dem und über den afrikanischen Kontinent.
Herausgeberin: SYLVIA BACHER
DEUTSCH – ENGLISCH – FRANZÖSISCH
188 Seiten mit 16 Farbabbildungen, Hardcover
Übersetzung: Dr.[in] Sylvia BACHER
Lektorat: Dr.[in] Traude VERAN
Layout: Petra SELA
ISBN: 978-3-9504782-0-4

hellgrüner Bambus. Haiku aus Wien, 2018
Autorin: PETRA SELA
DEUTSCH – JAPANISCH – ENGLISCH
mit Grafiken von: PETRA SELA
Wissenschaftlicher Kommentar:
Univ.-Doz.[in] MMag.[a] Dr.[in] Hisaki HASHI
Japanische Übersetzung: Univ.-Doz.[in] MMag.[a] Dr.[in] Hisaki HASHI
Englisch/amerikanische Übersetzung der Haiku:
Rev. William Kigen EKESON, Osho
Englische Übersetzung der Kommentare und Biografien:
Dr.[in] Sylvia BACHER
ISBN: 978-3-9503584-8-3

noch am abend der klang. Haiku, 2016
Autorin: PETRA SELA
DEUTSCH – JAPANISCH
Tuschmalerei: KYOKO ADANIYA-HOLM
Übersetzung: Univ.-Doz.[in] MMag.[a] Dr.[in] Hisaki HASHI
Vorwort und Lektorat: Dr.[in] Traude VERAN
ISBN: 978-3-9503584-6-9

Wien als Schmelztiegel der Haiku-Dichtung. 2015
Klassische und moderne Haiku-Dichtung

Herausgeberin und Mitautorin: PETRA SELA
DEUTSCH – ENGLISCH
Beiträge des Symposiums 2014 von:
Mario Chelaru, Hisaki Hashi, Petra Sela, Dietmar Tauchner,
Traude Veran, Klaus-Dieter Wirth
ISBN: 978-3-9503584-5-2

Wie Sonne und Mond. Haiku, 2013
Eine Hommage an Matsuo Bashô

Autorin: PETRA SELA
DEUTSCH – JAPANISCH – ENGLISCH
Tuschmalerei: TONIA KOS
Übersetzung ins Japanische: Univ.-Doz.[in] MMag.[a] Dr.[in] Hisaki HASHI
Übersetzung der Haiku ins Englische: Dietmar TAUCHNER
Übersetzung der Kommentare ins Englische: Elizabeth ENFIELD
ISBN: 978-3-9503584-0-7

Die Bücher sind bei der ÖSTERREICHISCHEN HAIKU GESELLSCHAFT
oesterr-haikuges@gmx.at und im Buchhandel erhältlich.
Mobil 0699 1 925 77 91
www.oesterr-haikuges.at

KURZBIOGRAFIEN DER VORSTANDSMITGLIEDER

Vorsitzende PETRA SELA
*1947 in Wien, u.a. Sekretärin an der Universität Wien, leitete 13 Jahre einen Verlag und 10 Jahre eine Galerie gemeinsam mit Rudolf Svoboda. Mittelpunkt ihres künstlerischen Schaffens ist seit über 20 Jahren das Haiku und die japanische Kultur. Zahlreiche Bücher, Prosa, Lyrik und davon vor allem Haiku. Ist auch bildnerisch tätig und stv. Vorsitzende der internationalen Kunstplattform arteMIX. Gründerin und Vorsitzende der ÖHG. Herausgeberin der *Lotosblüte*. www.petra-sela.com

Stellv. Vorsitzender HANS-WERNER SOKOP
*1942 in Wien. Studium der Rechtswissenschaften. Sein Interesse galt immer schon der Sprache. Dante Alighieri wurde schließlich zum Mittelpunkt seines künstlerischen Schaffens, dessen „Göttliche Komödie" er unter Beibehaltung der Terzinenform neu übersetzte. Auch der Dialekt hat es ihm angetan. Zahlreiche Bücher und Lesungen.

Schriftführerin INGRID HOFFMANN
lebt in Pressbaum, NÖ. Mitarbeit bei der Kulturinitiative „Vereinsmeierei" u.a. Vereinigungen. Schreibt neben Haiku andere Lyrik, Kurzgeschichten, Artikel. Chorsängerin, Auftritte in Grafenegg, Musikverein u.a.

Stellv. Schriftführerin SYLVIA BACHER
*1945 in Wien. Studierte Leibeserziehung, Französisch und Geschichte, dann Medizin. Als Ärztin in Wiener Spitälern tätig. Danach Handel mit Altwaren (Schwerpunkte: Bücher, österreichische Keramik, Spielzeug). Lyrikveröffentlichungen. In der ÖHG Lektorin und Verfasserin interessanter Artikel. Herausgeberin des Haiku-Bandes *AFRIKU –Vienna meets Africa – Haiku*. Ist maßgeblich in der Redaktion der *Lotosblüte* tätig.

Kassier PAUL DINTER
*1949 in Wien, lebt in Wien. Schreibt seit 1996 Lyrik, Prosa, und Haiku. Oktober 2013 Herausgabe des Buches *Der Duft des Kerzenwindes*, erschienen im Verlag „edition ps", Mag. a Elisabeth Parth, Wien, ist ebenfalls in der Redaktion der *Lotosblüte* tätig. Mitbegründer der ÖHG.

Stellv. Kassierin CHRISTA MEISSNER
Christa MEISSNER lebt in Wien. Engagiert sich in ihrem Wohnbezirk Floridsdorf und hat unsere Präsentation beim Kirschblütenfest auf der Donauinsel ermöglicht. Sie schreibt mit Begeisterung Haiku/Senryu und fotografiert mit Leidenschaft.

Trotz Rückzug aus dem Vorstand ist sie immer noch engagiert für die ÖHG tätig:
TRAUDE VERAN
*1934 in Wien, war Sozialarbeiterin, Psychologin und Erwachsenenbildnerin in Österreich und Deutschland. Ca. 30 fachliche und literarische Bände, Lektorin, Kulturjournalistin, lokalhistorische Forschungen. Mitbegründerin eines Verlages und der ÖHG. War viele Jahre im Vorstand der ÖHG. Ist in der Redaktion der *Lotosblüte* tätig.

BILDENDE KÜNSTLERINNEN UND KÜNSTLER

Name, Seite

* Näheres zu Tonia KOS finden Sie unter:
www.oesterr-haikuges.at / Aktuelles der Mitglieder
und www.kunstsammler.at

Näheres über die Künstlerinnen / Künstler und deren Werke finden Sie
auf der Homepage der internationalen Kunstplattform

Kontakt:

www.artemix.at, Mail: artemixwien@gmail.com und auf Facebook

INHALT

Seiten

Seiten